T0083413

T
A
B

T
A
B

T
A
B

T
A
B

TAB

T
A
B

T
A
B

T
A
B

T
A
B

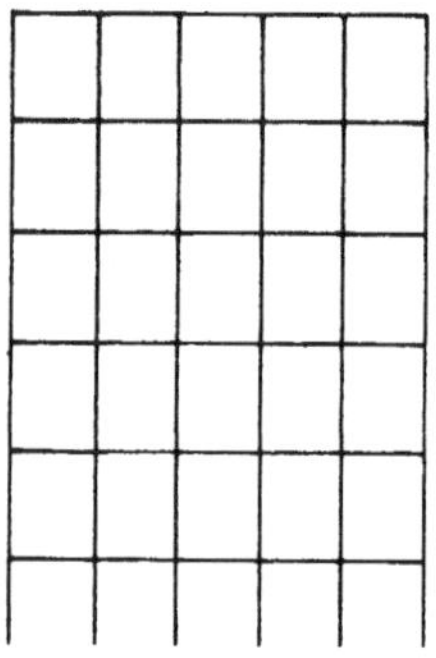
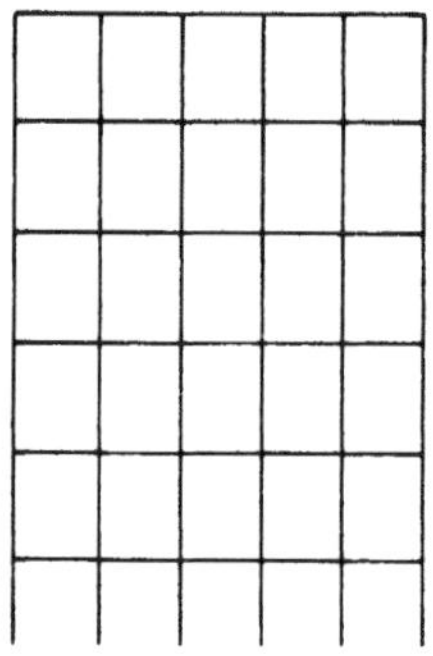
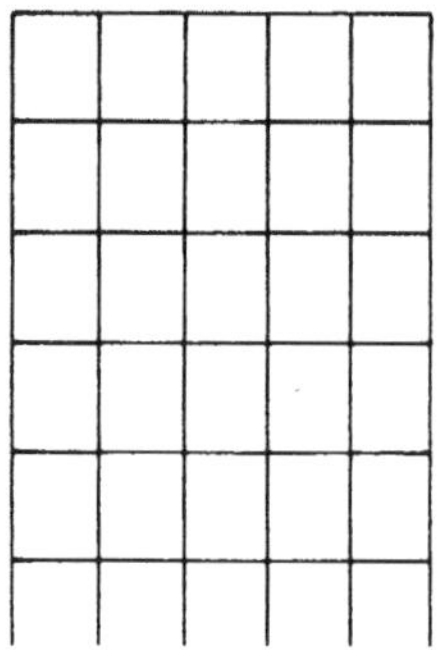
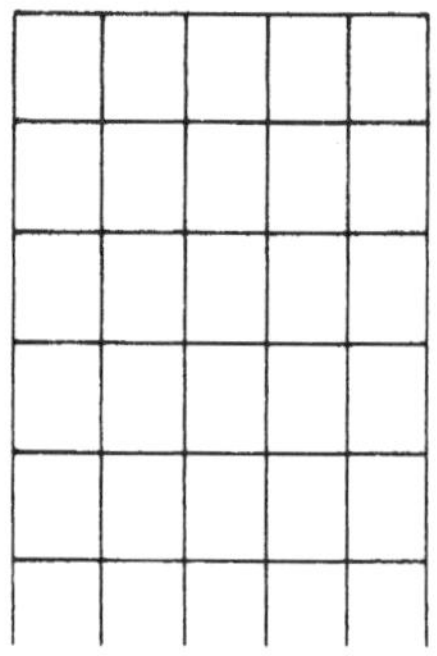
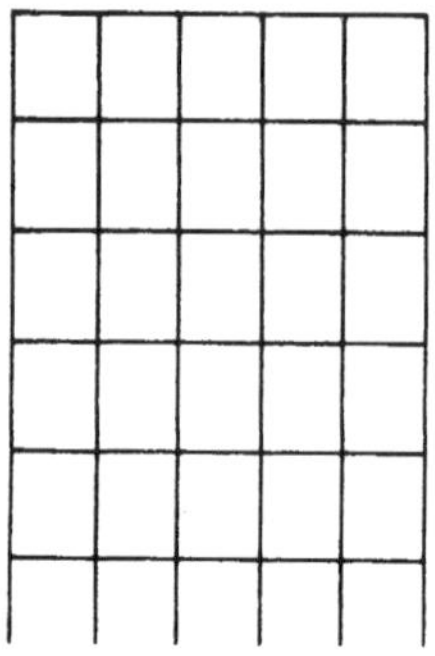
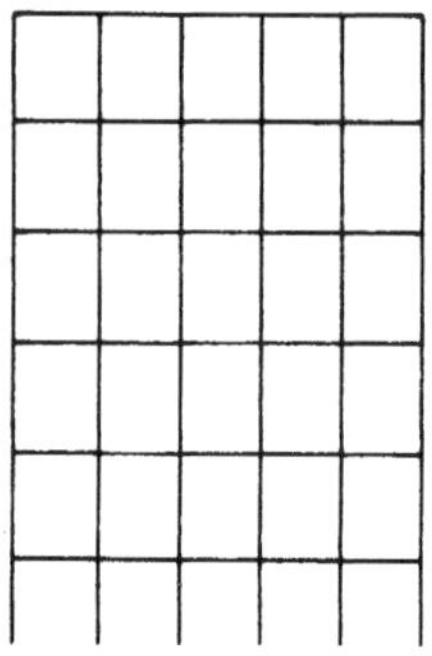
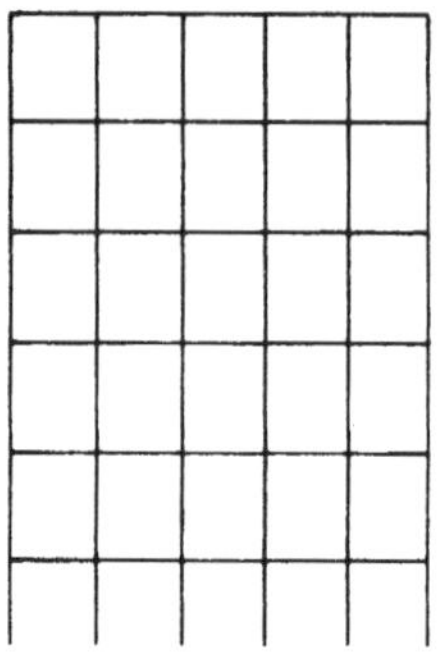
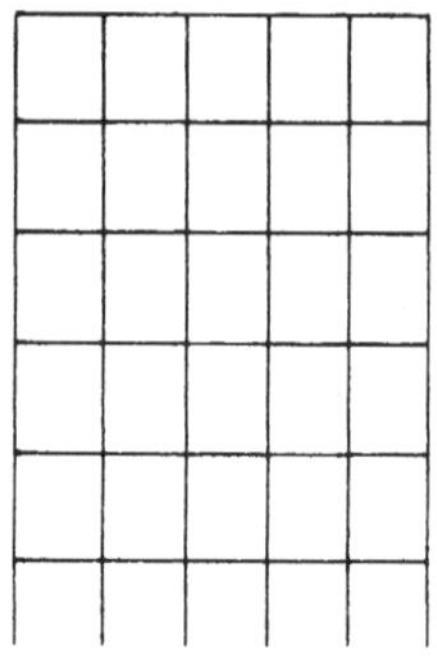
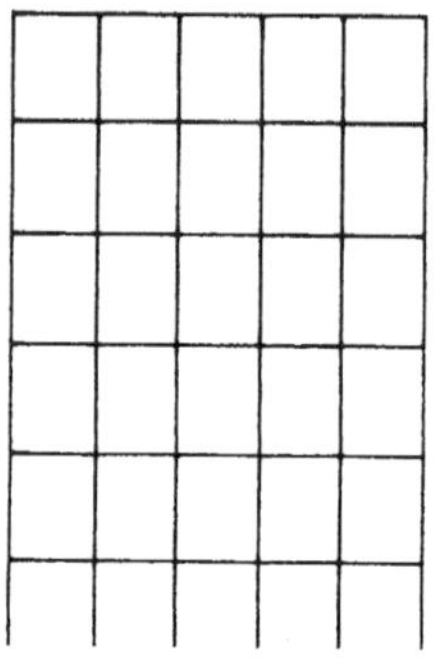
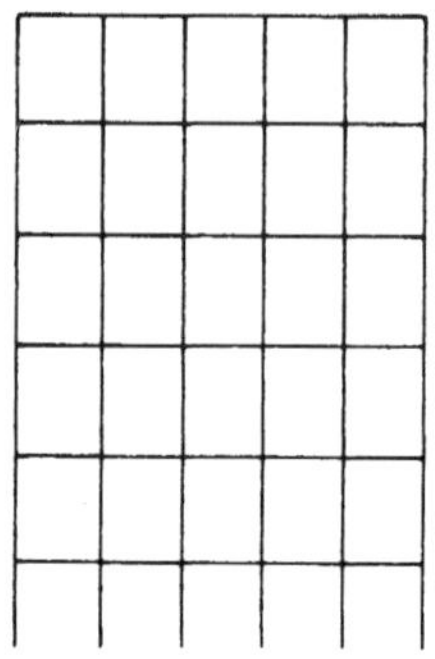
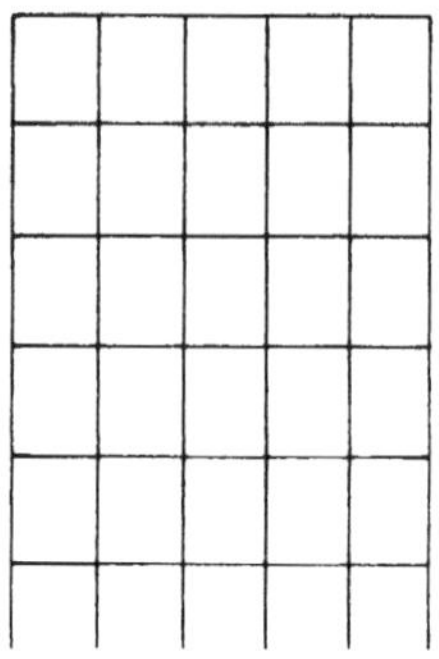
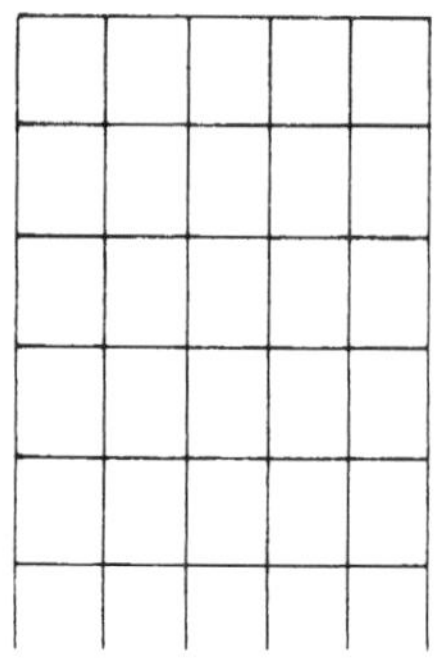
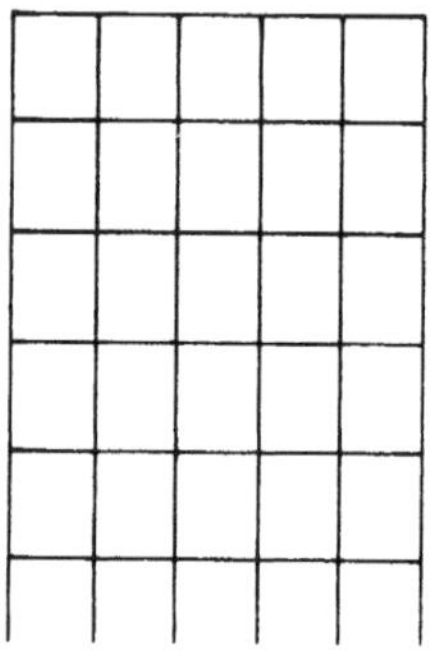
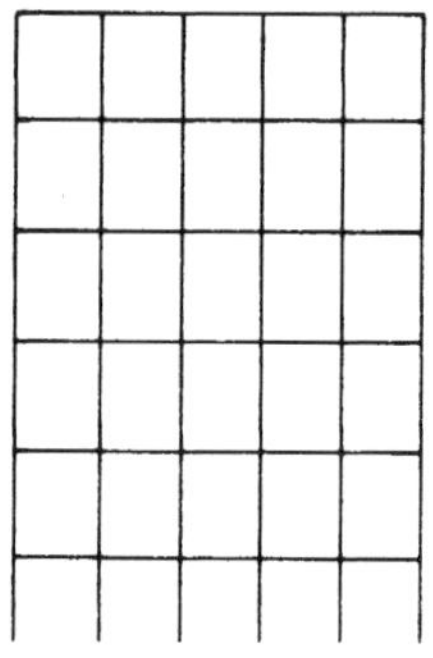
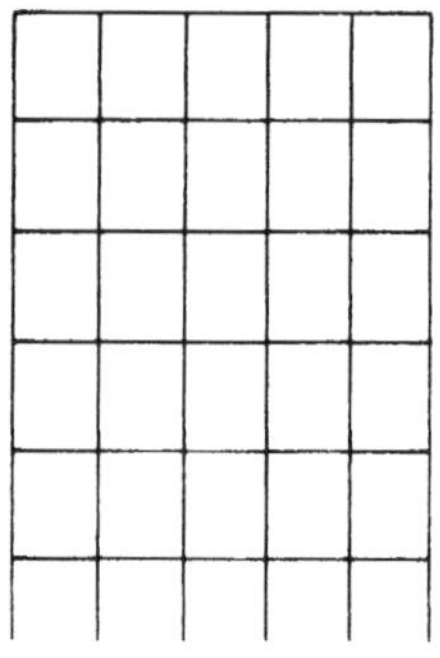
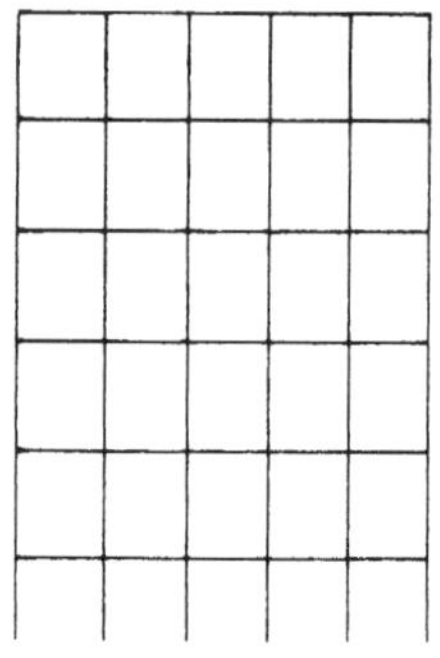

TAB
TAB
TAB
TAB

T
A
B
T
A
B
T
A
B
T
A
B

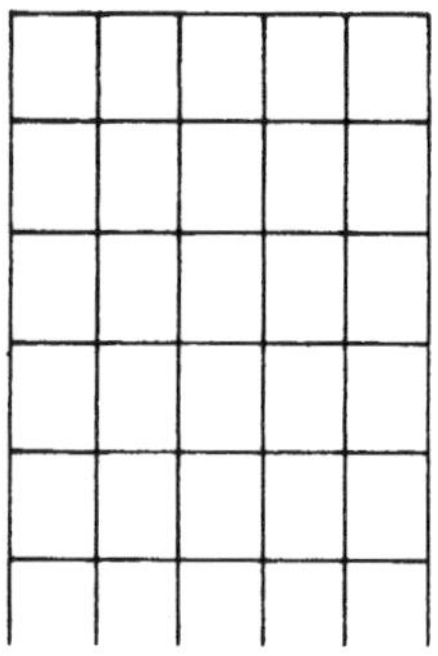
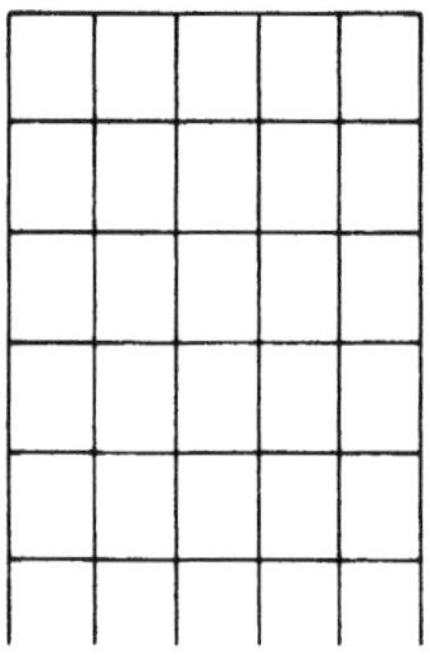
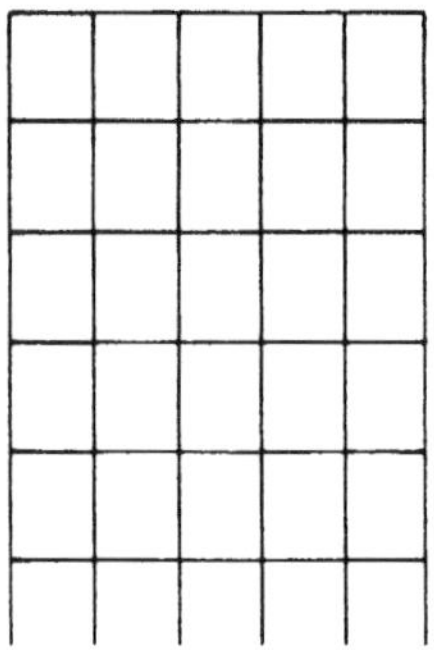
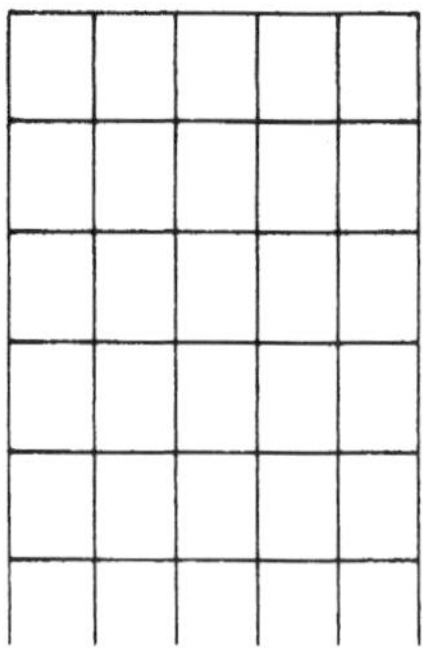
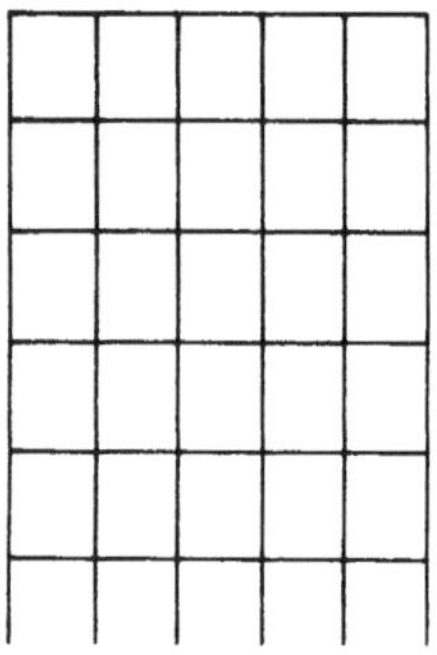
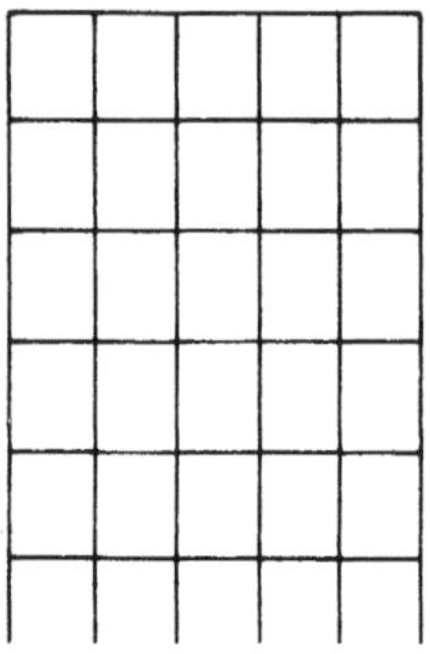
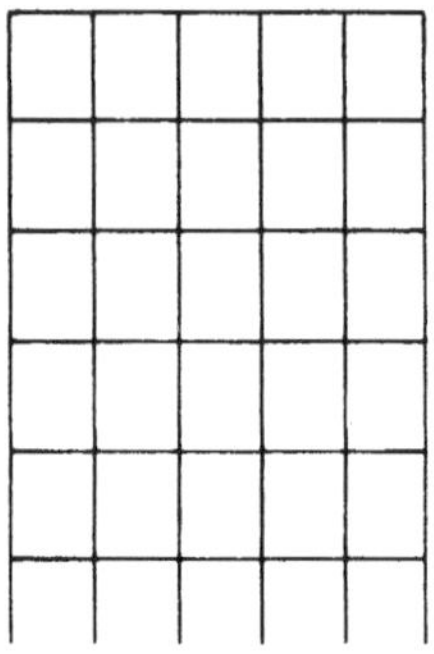
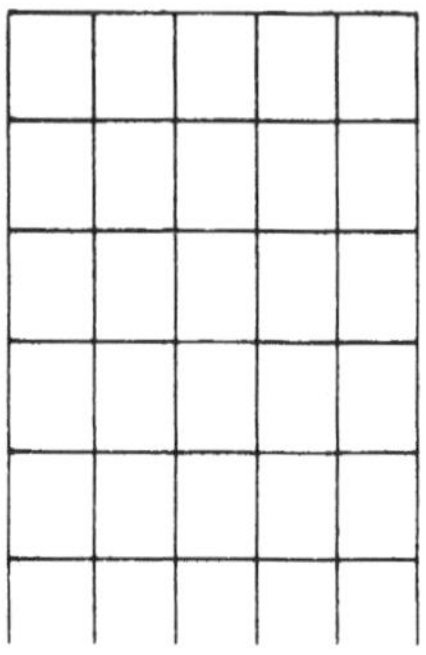
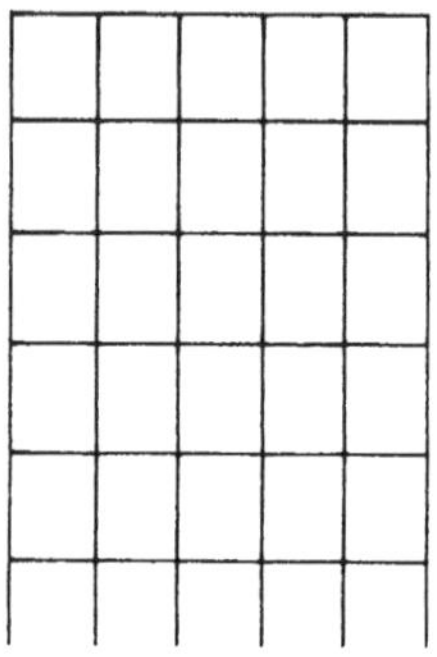
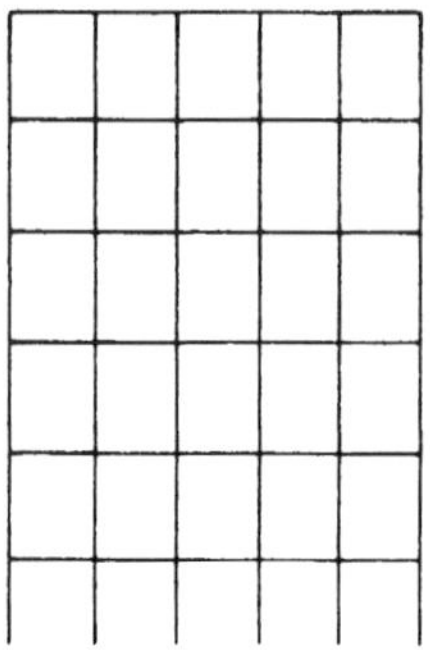
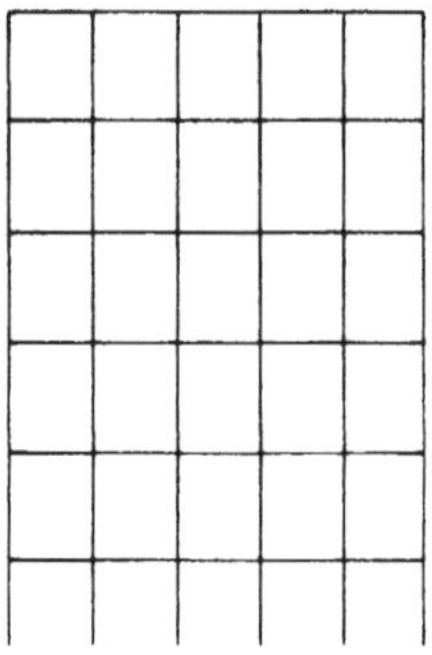
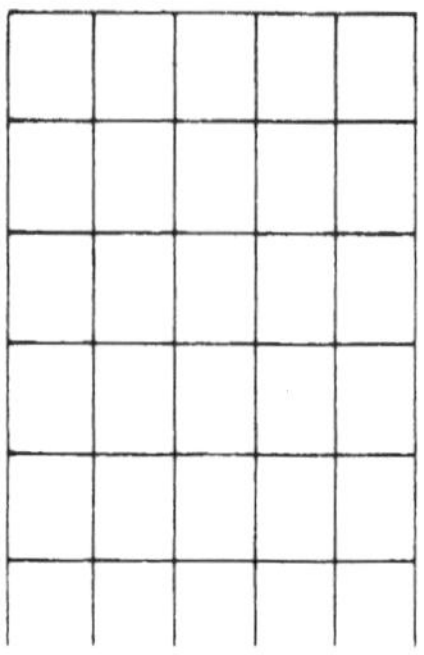
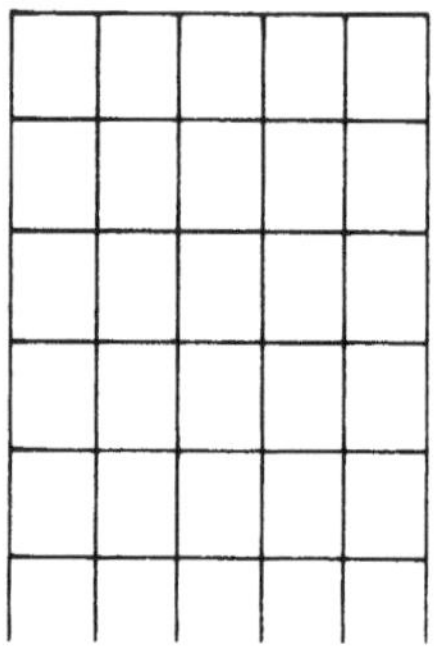
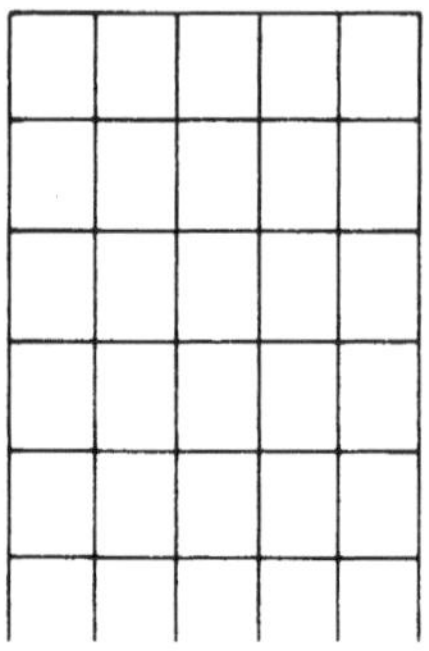
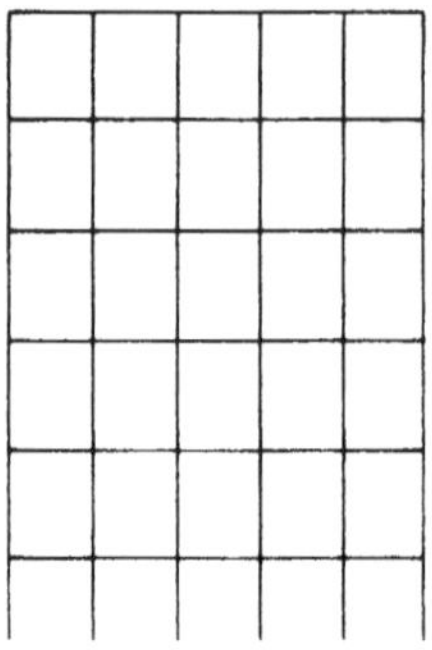
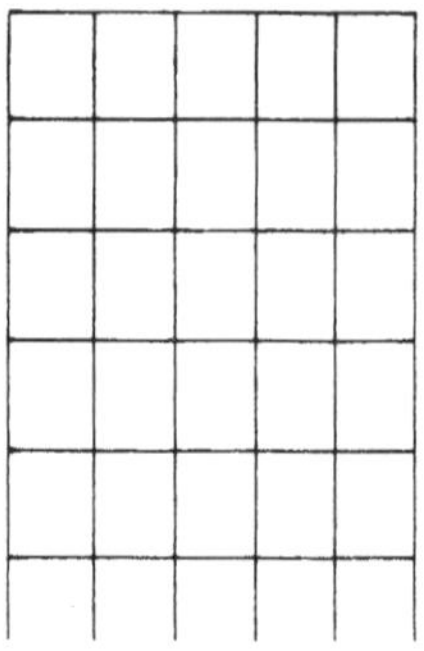

TAB

TAB

TAB

TAB

TAB
TAB
TAB
TAB

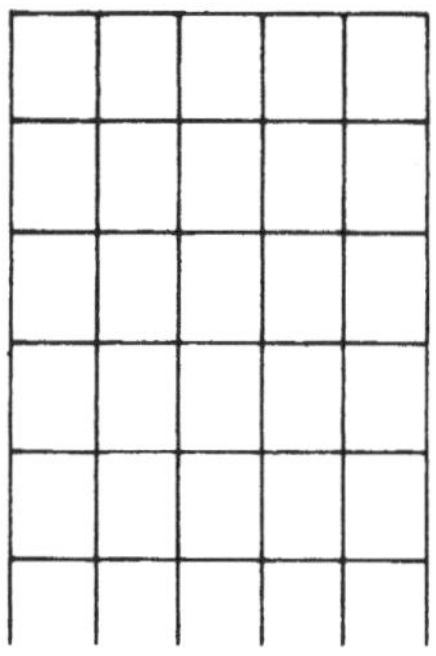
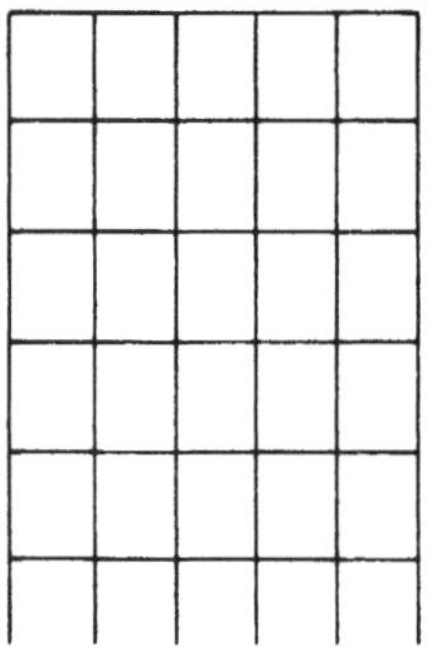
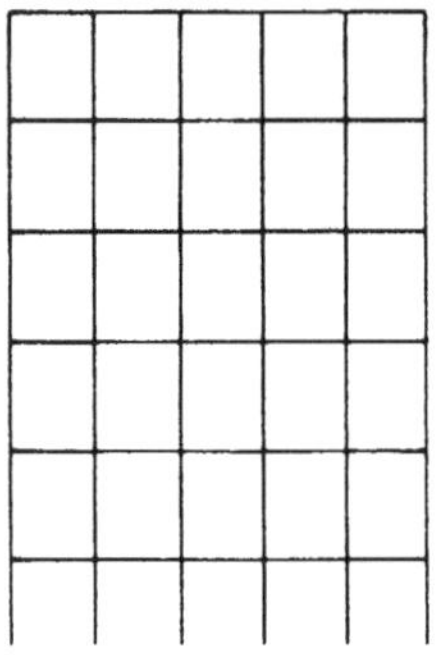
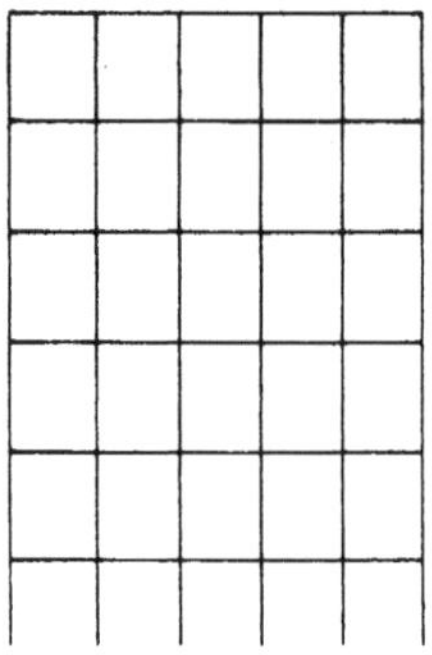
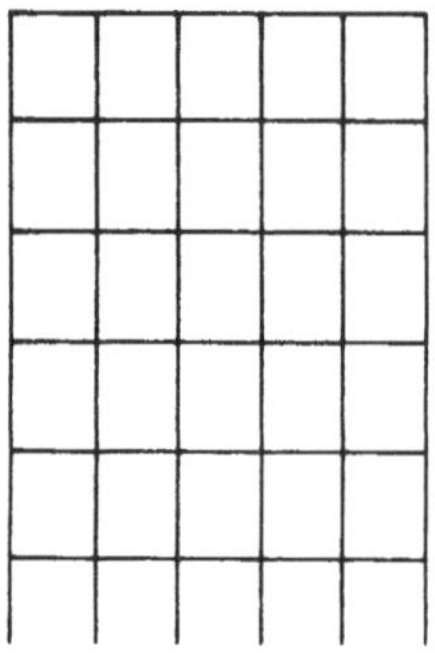
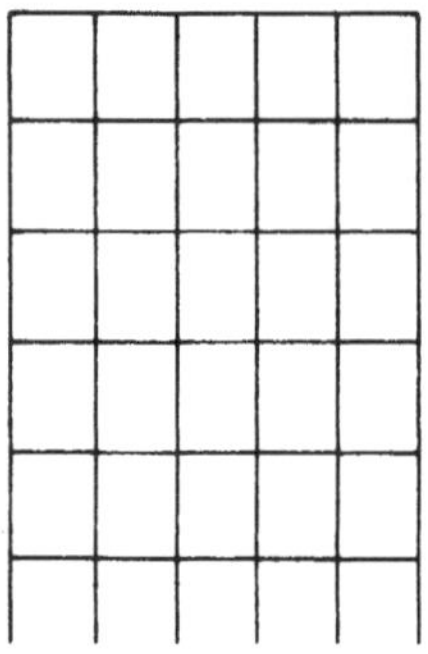
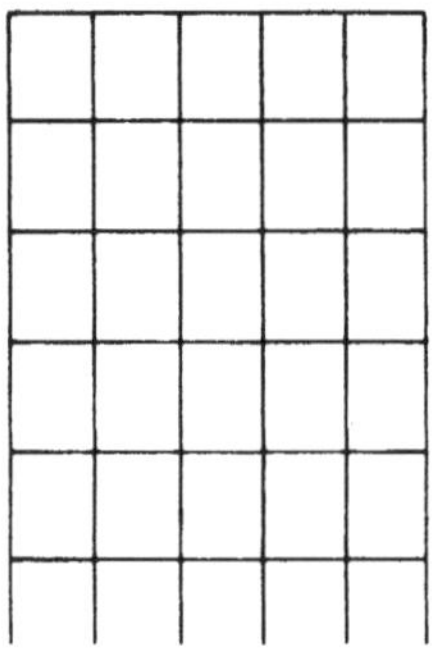
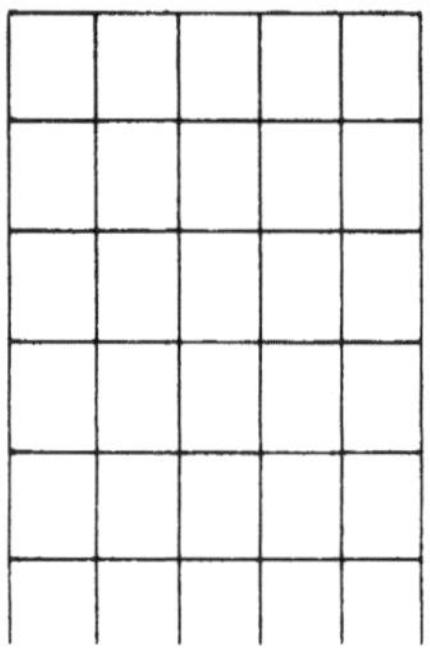
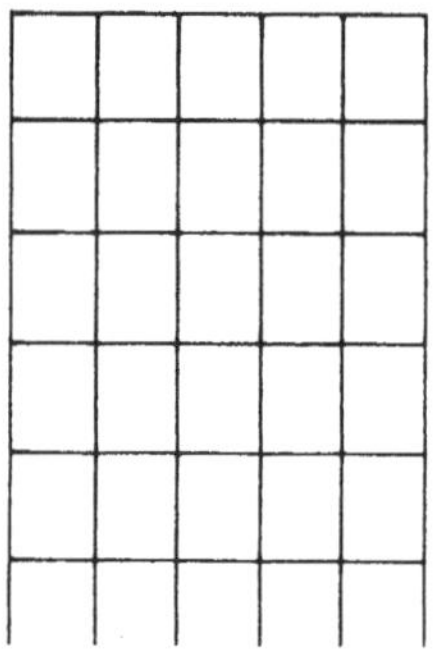
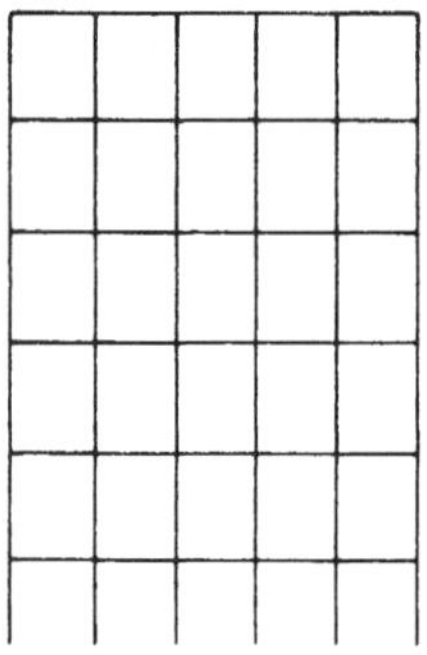
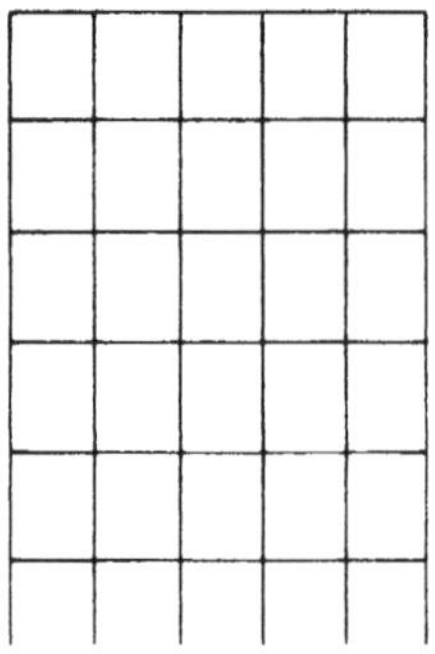
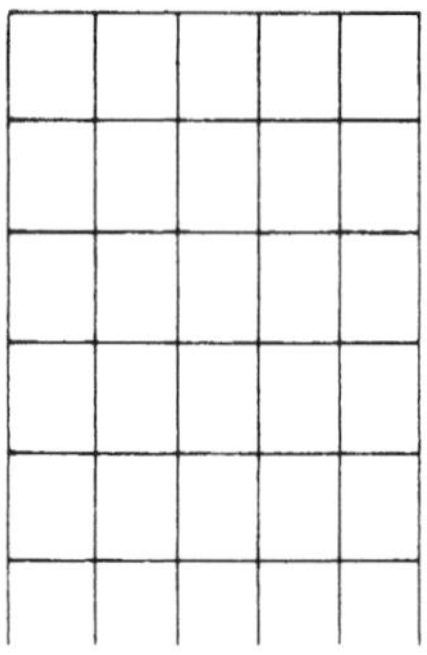
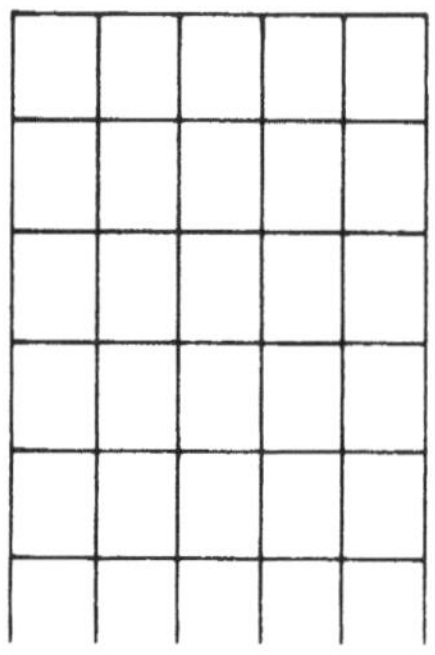
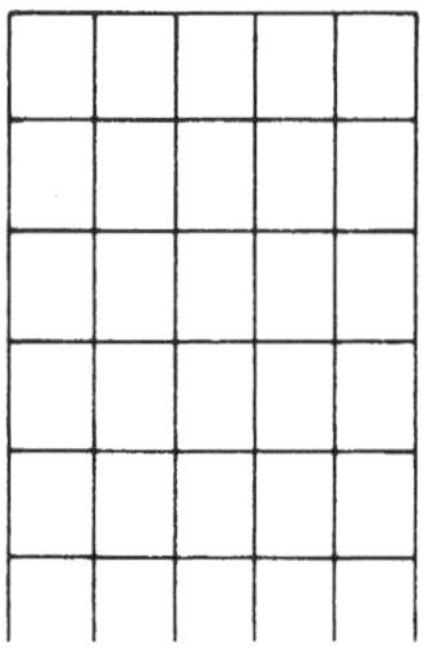
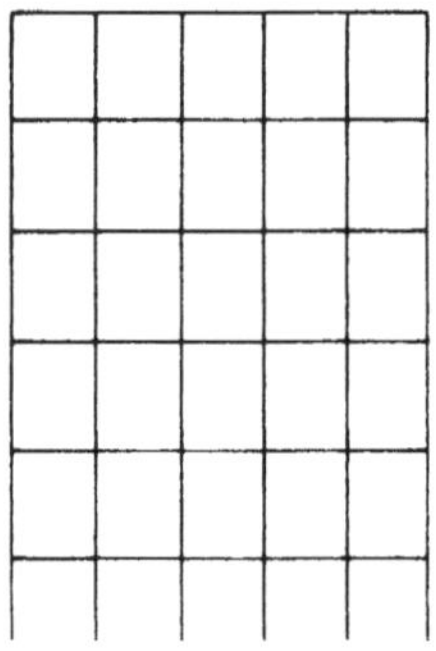
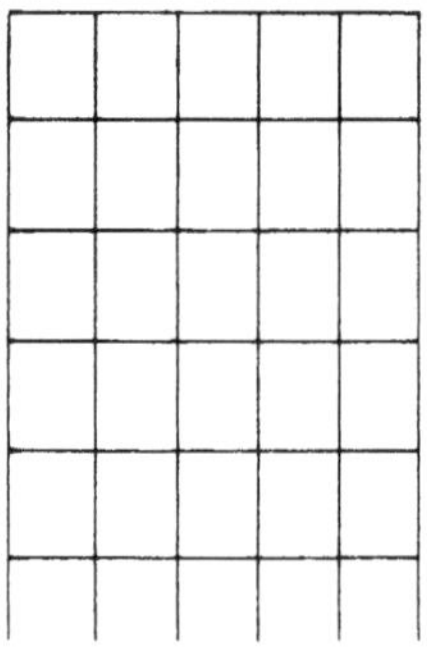

TAB
TAB
TAB
TAB

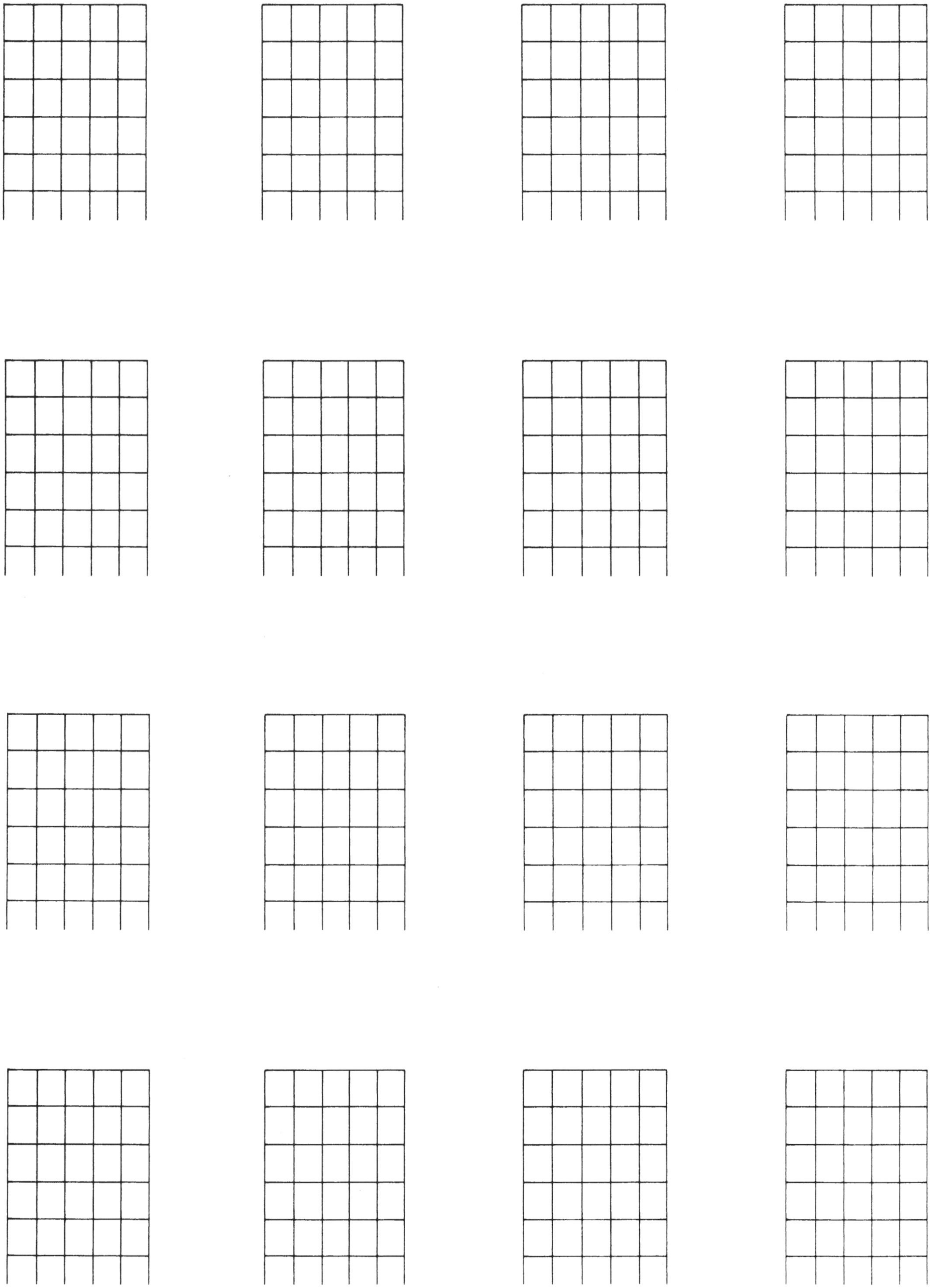

TAB
TAB
TAB
TAB

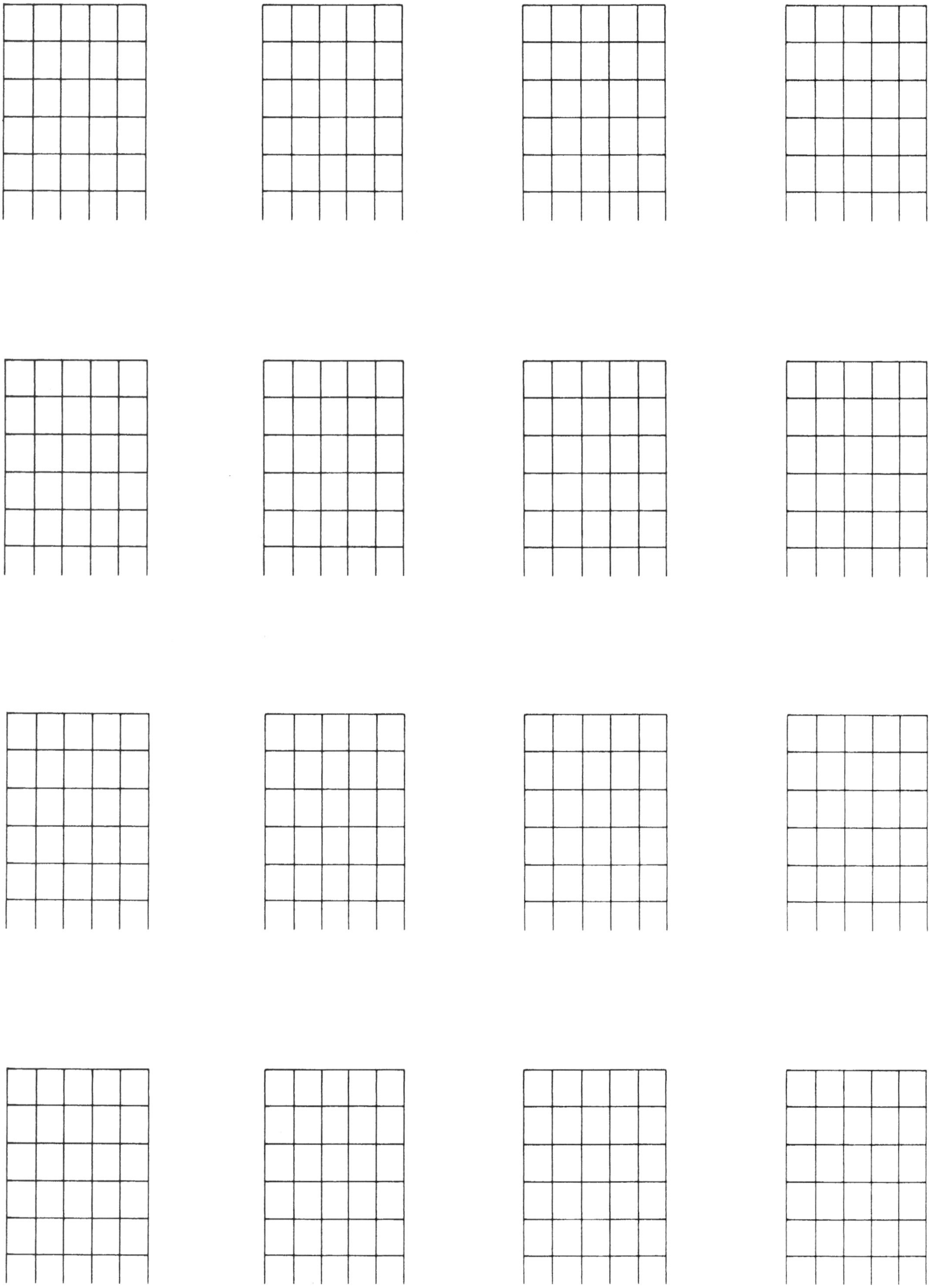

TAB
TAB
TAB
TAB

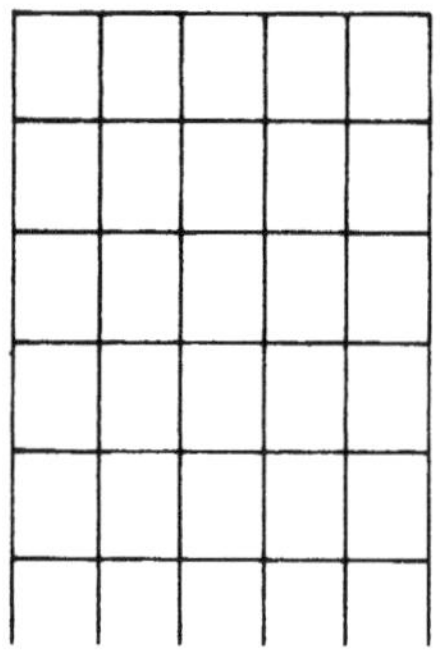
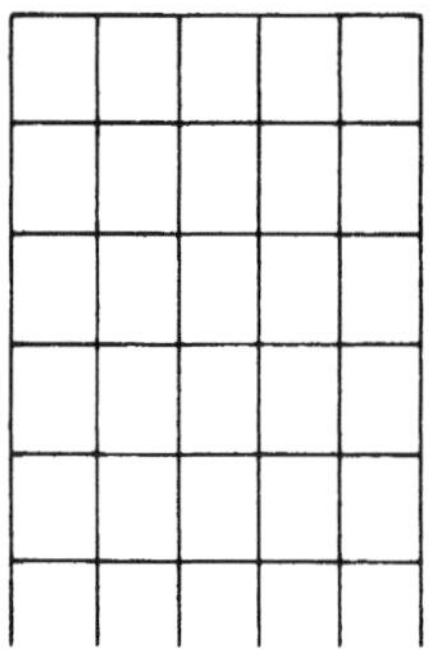
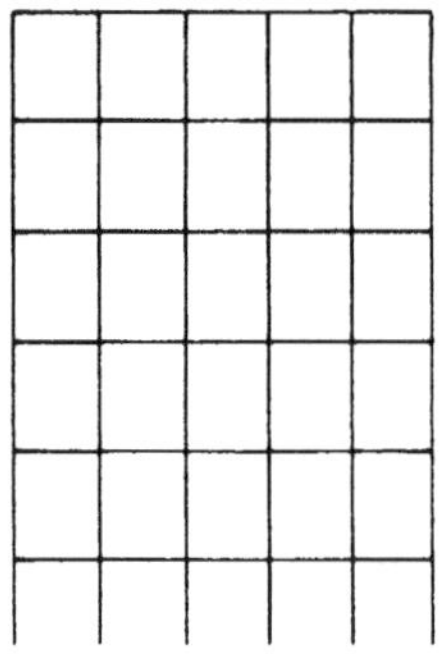
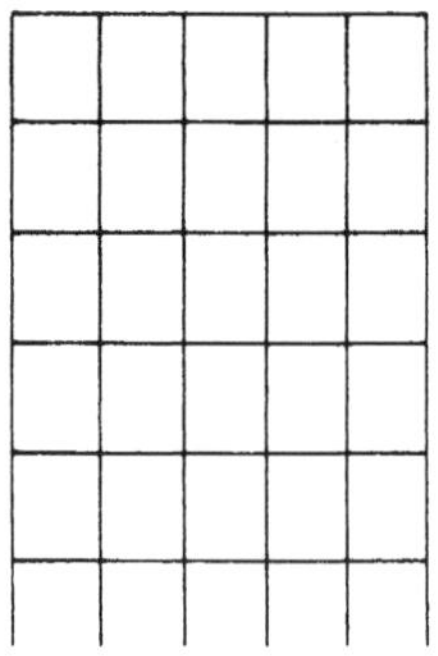
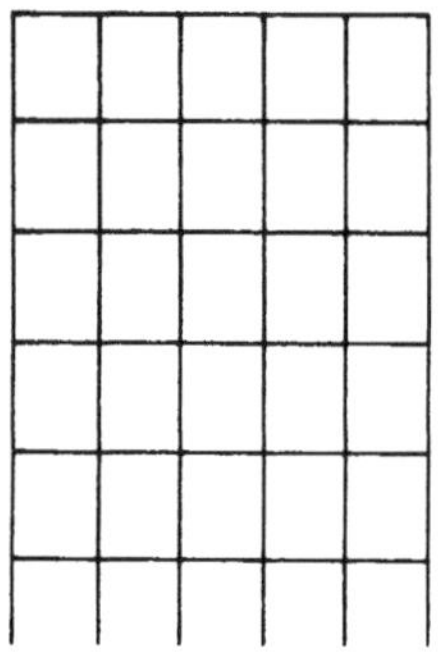
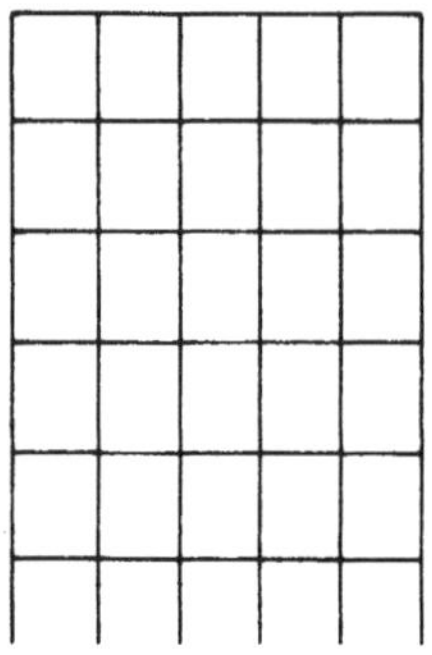
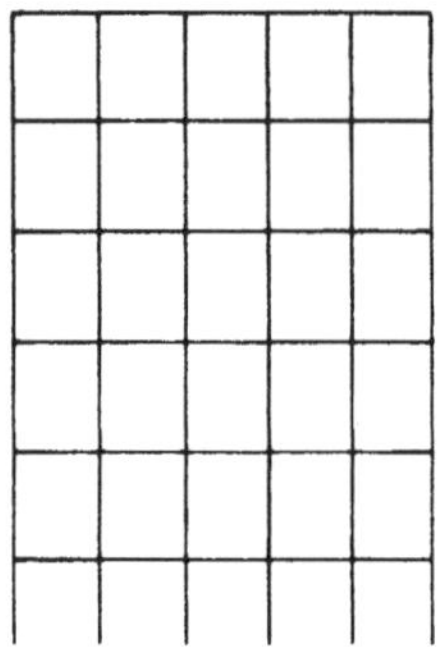
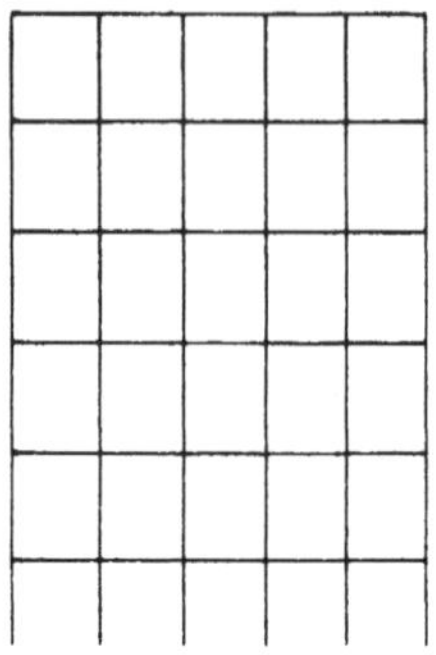
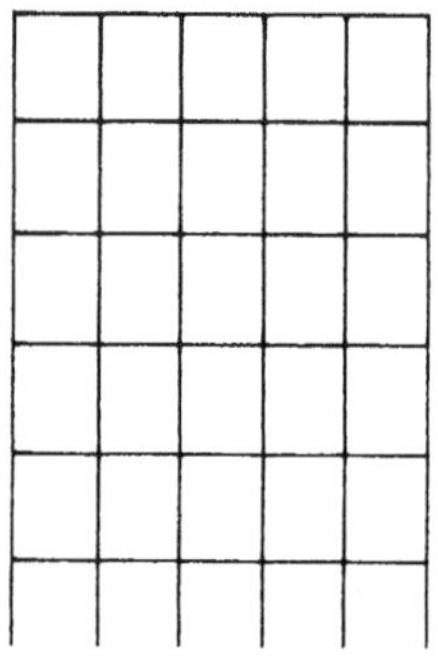
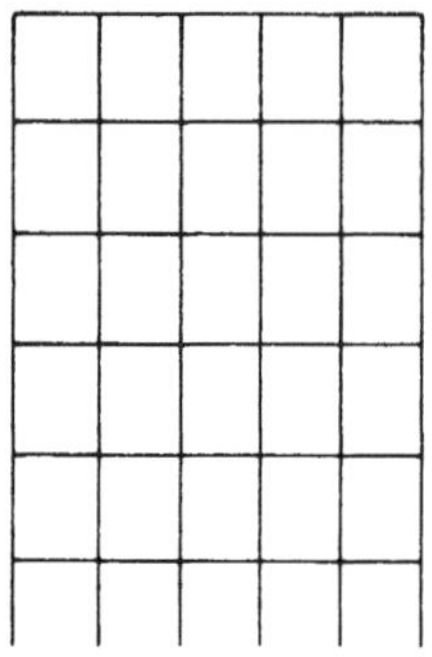
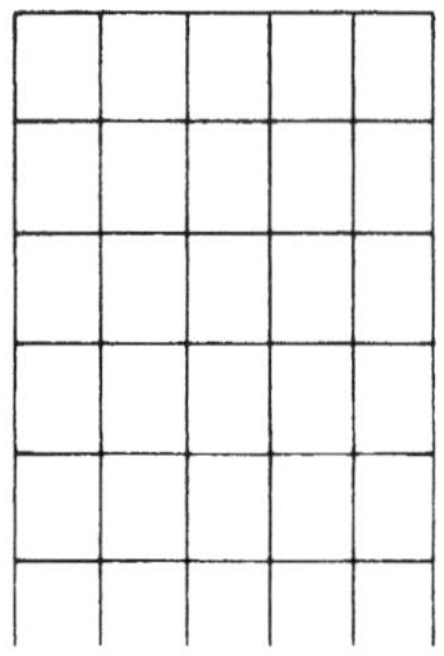
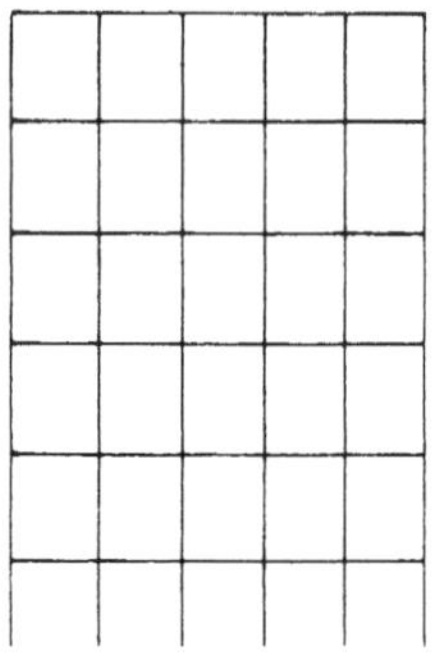
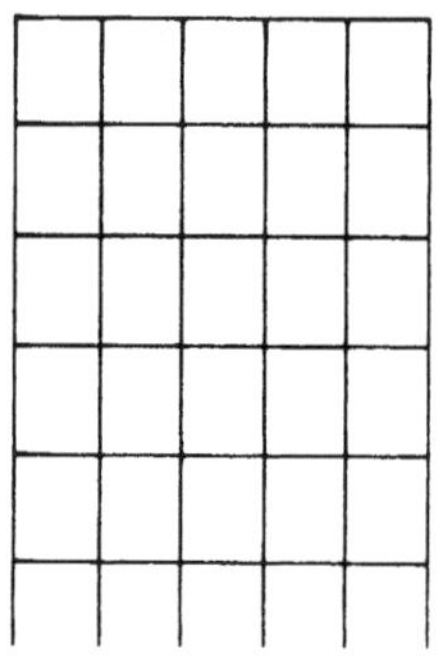
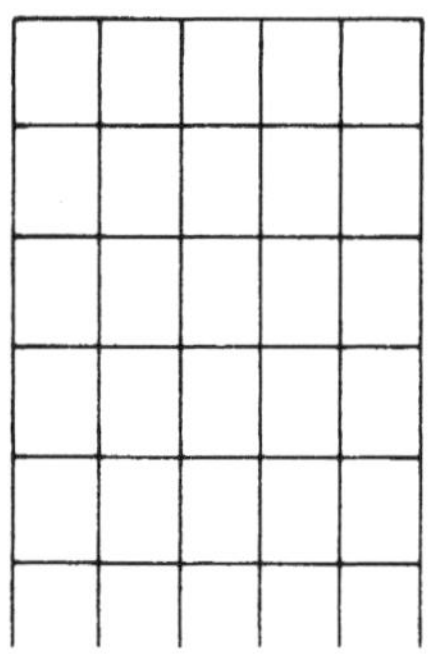
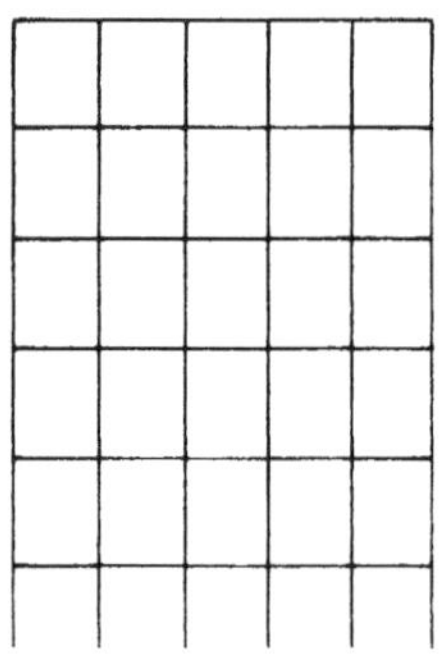
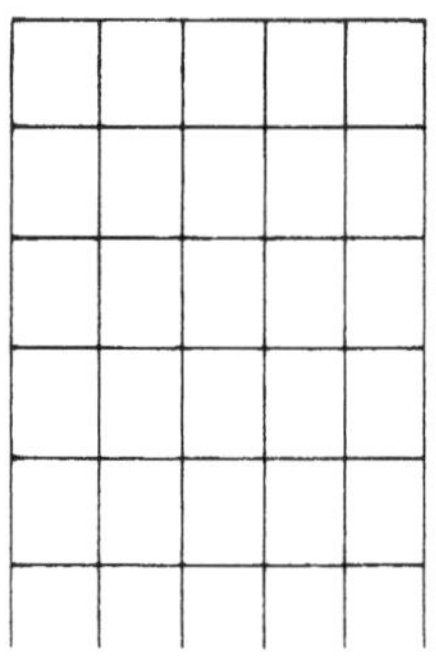

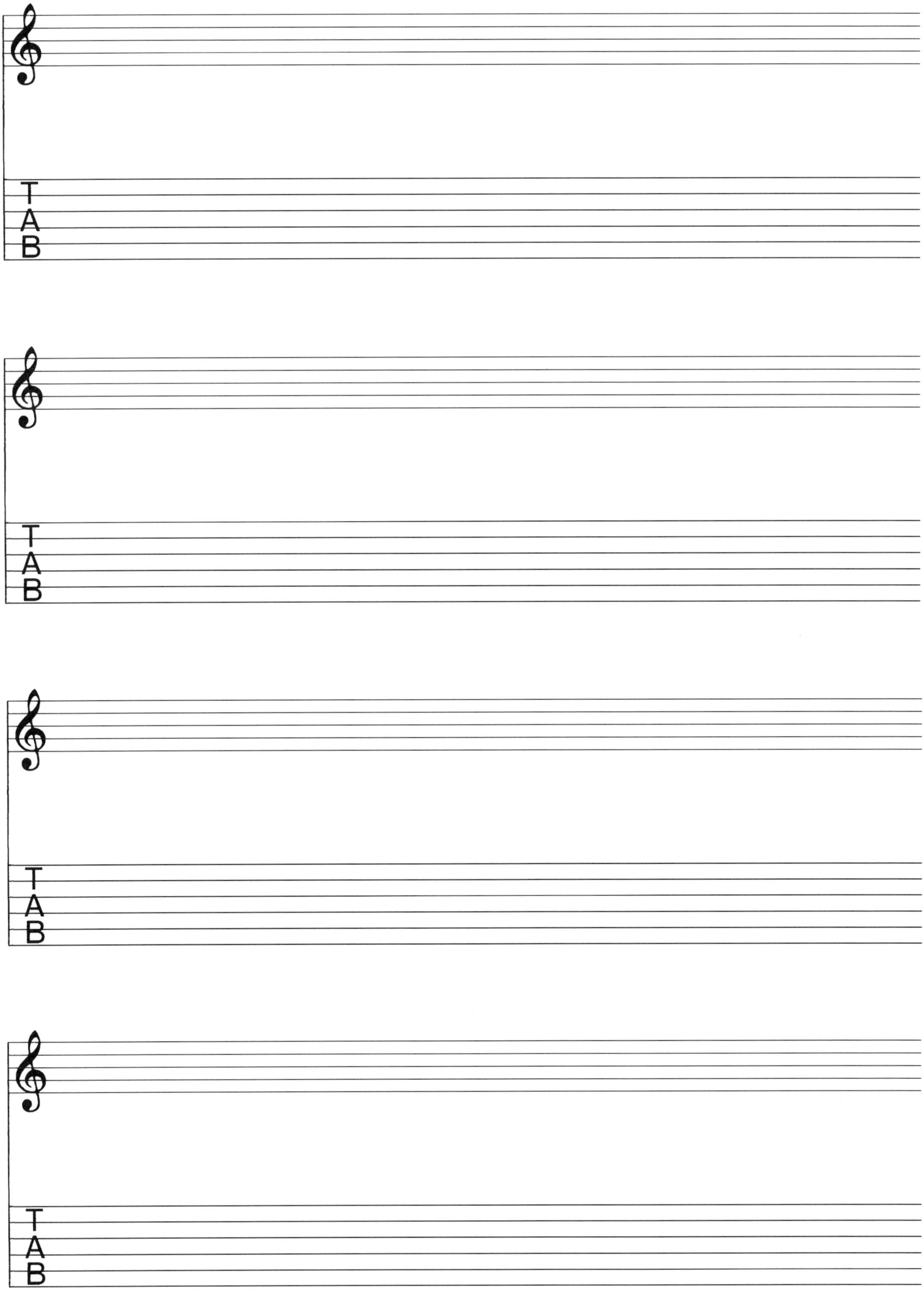
TAB
TAB
TAB
TAB

TAB
TAB
TAB
TAB

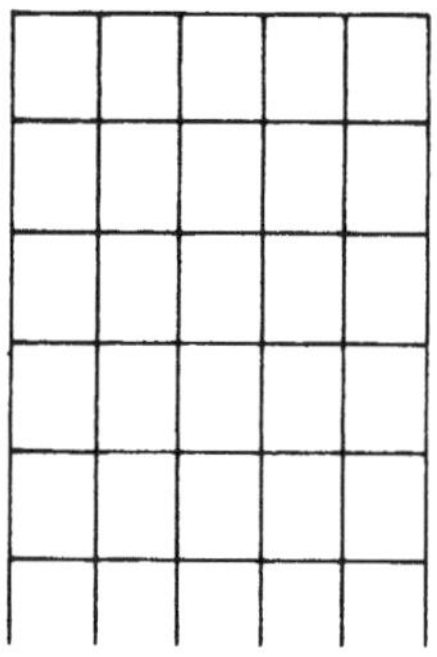
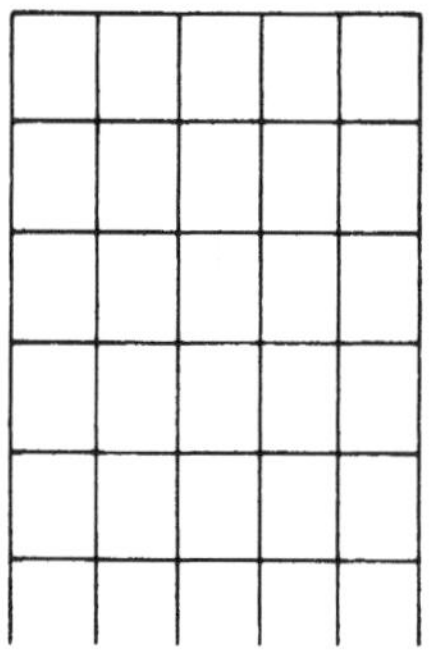
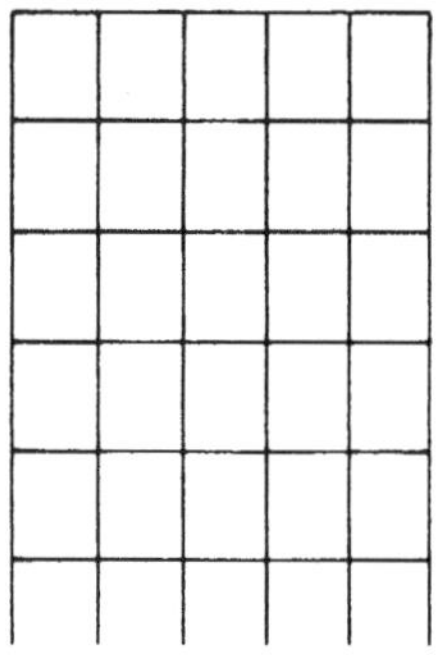
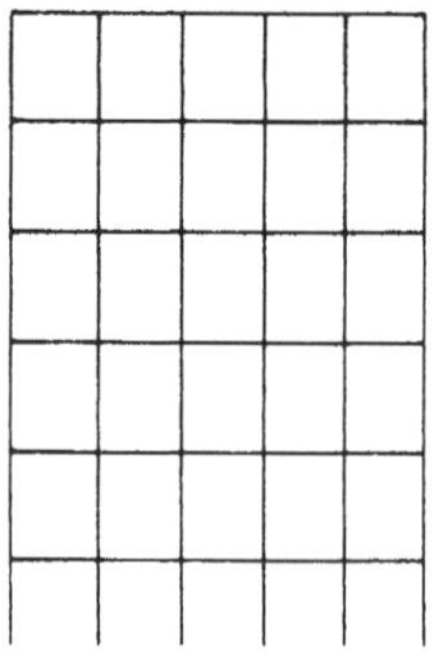
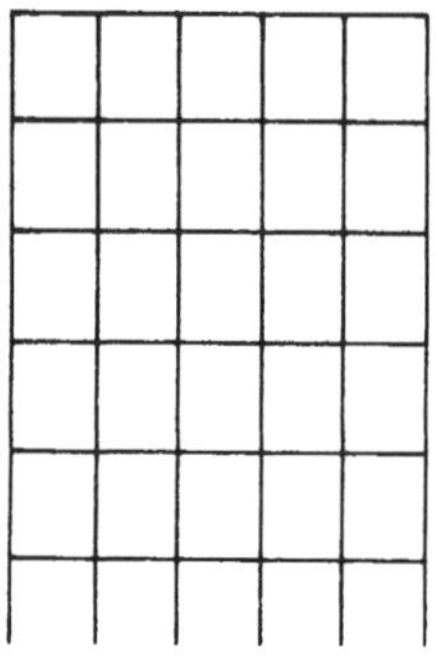
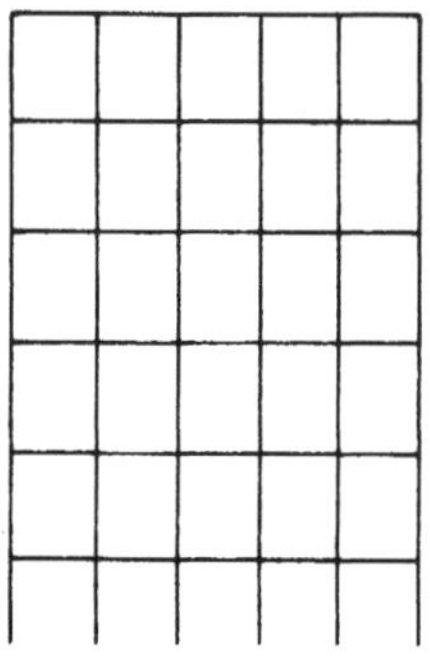
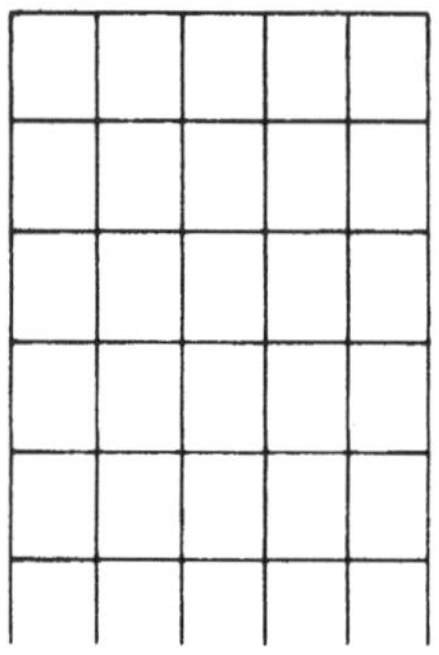
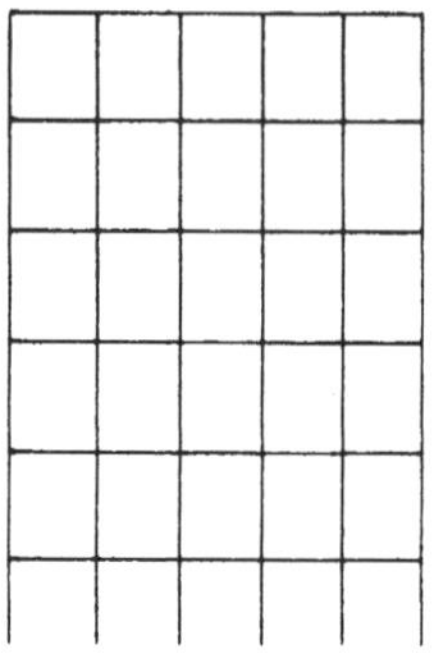
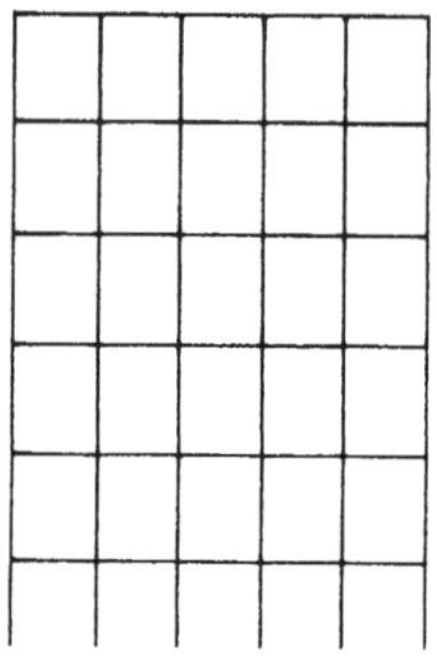
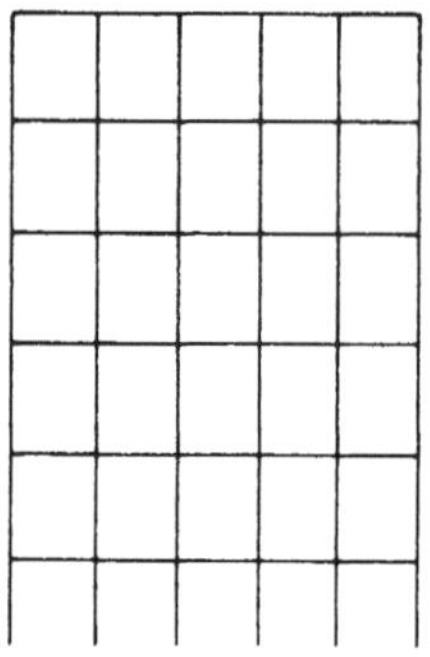
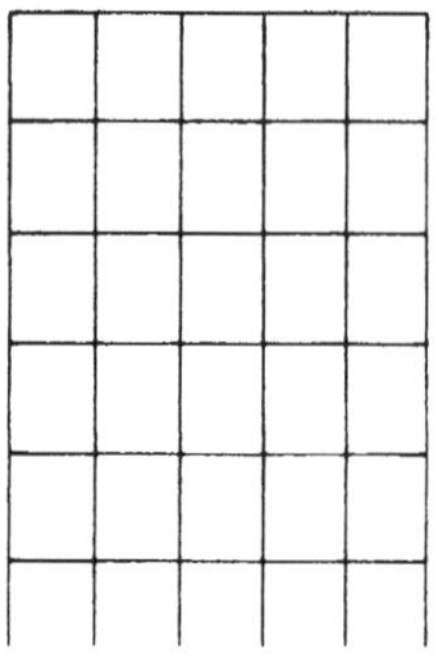
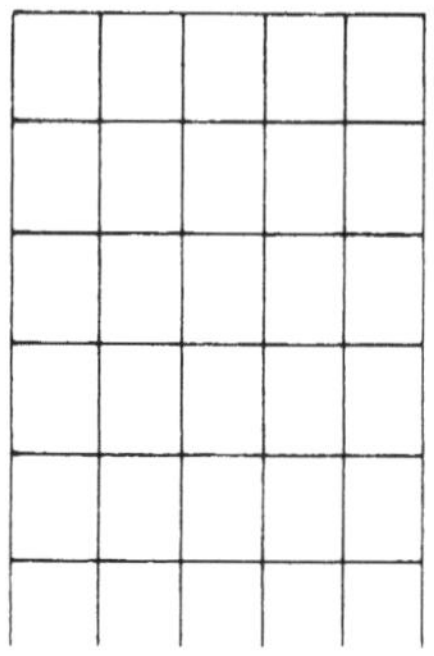
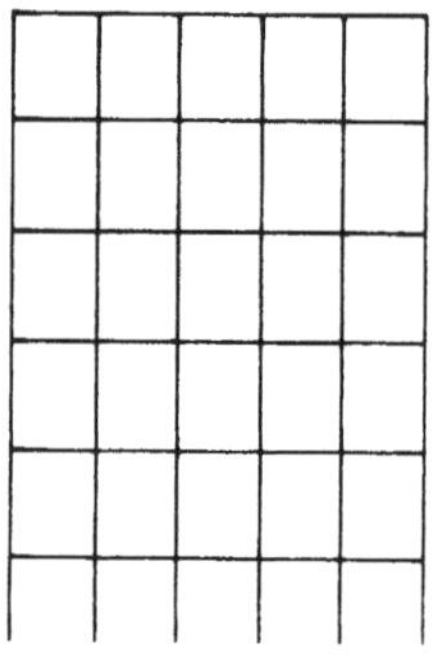
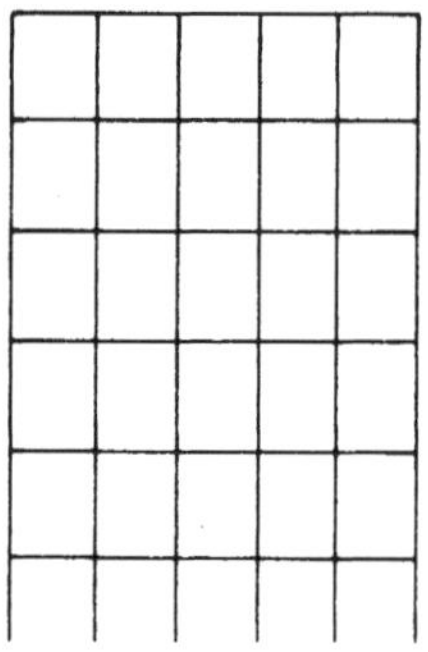
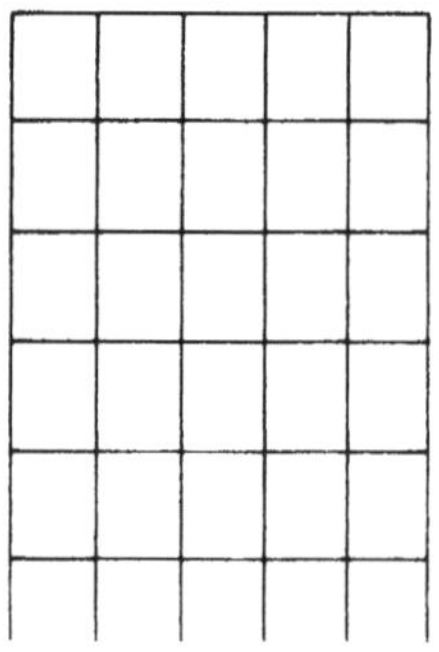
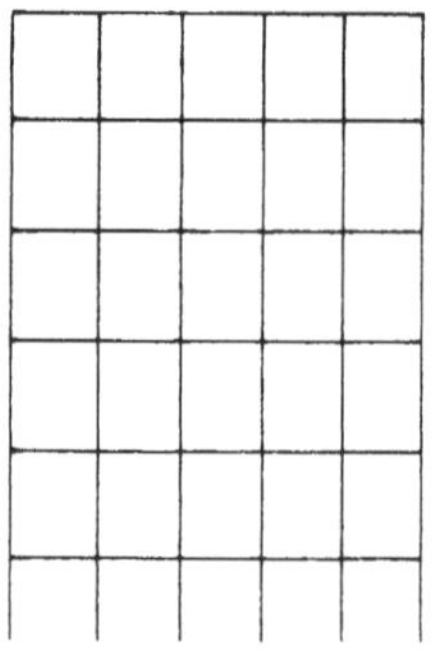

TAB
TAB
TAB
TAB

TAB

TAB

TAB

TAB

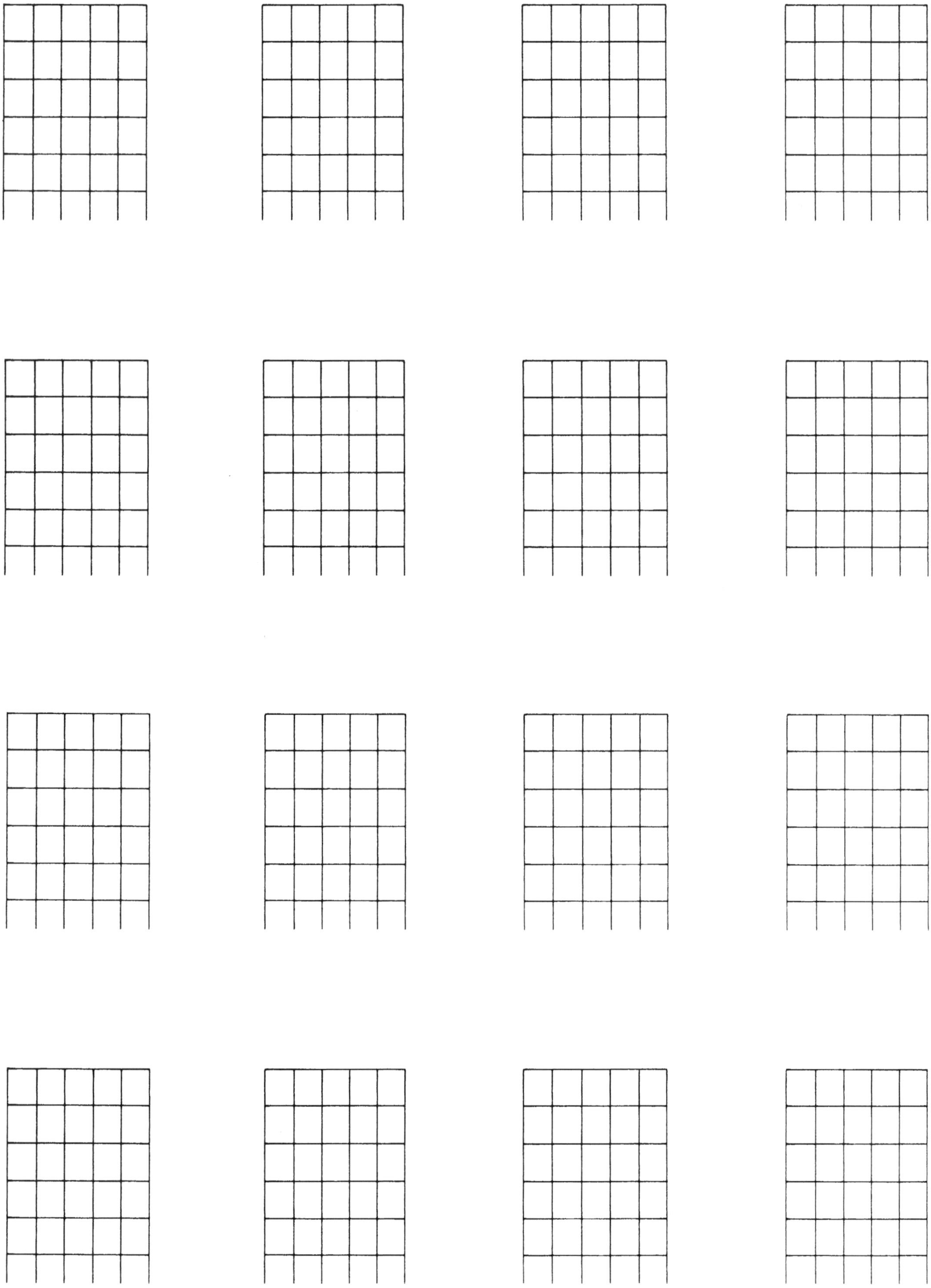

TAB
TAB
TAB
TAB

TAB
TAB
TAB
TAB

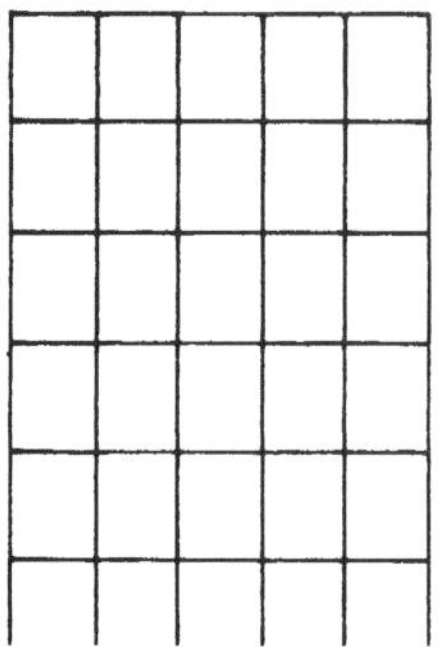
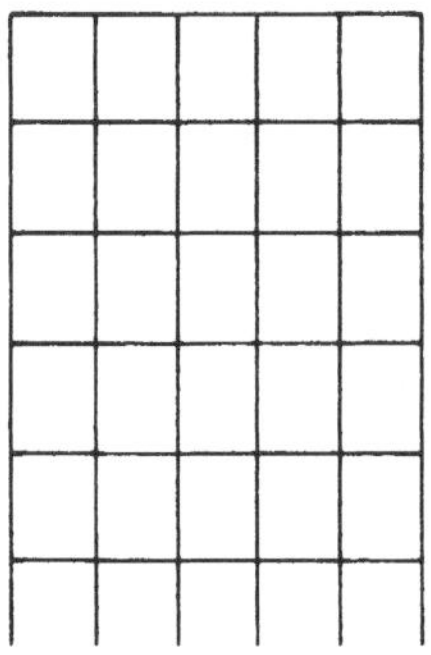
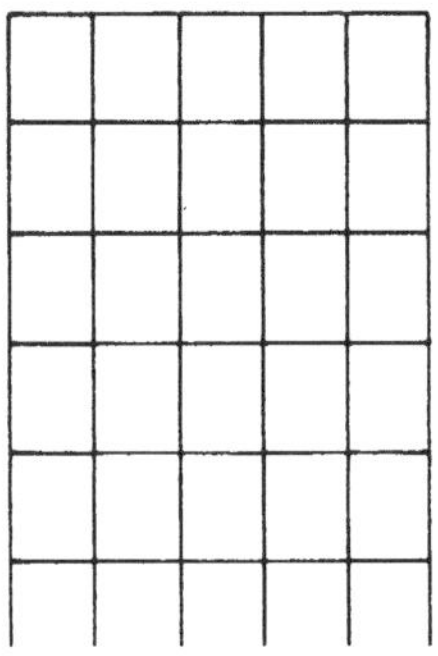
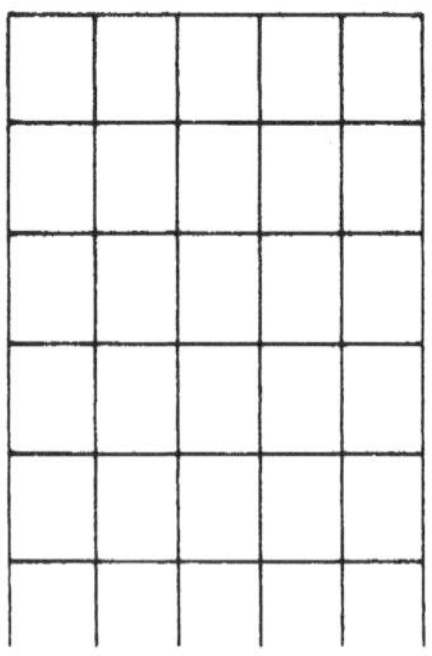
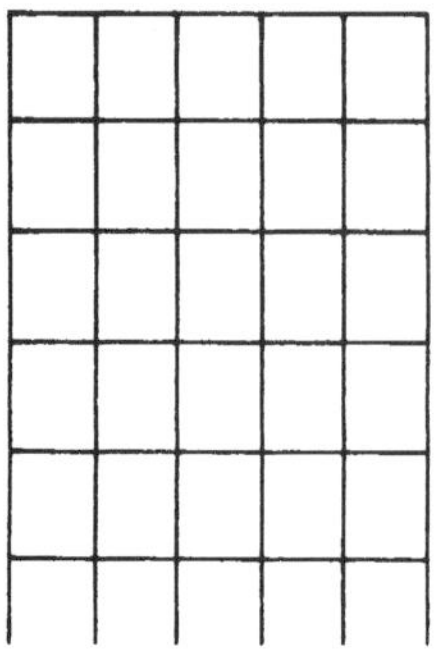
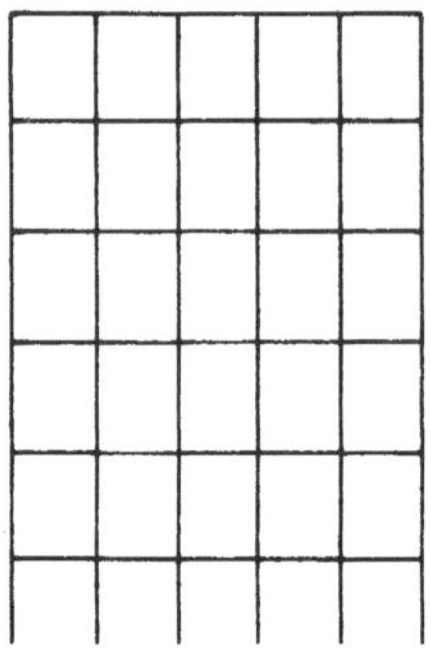
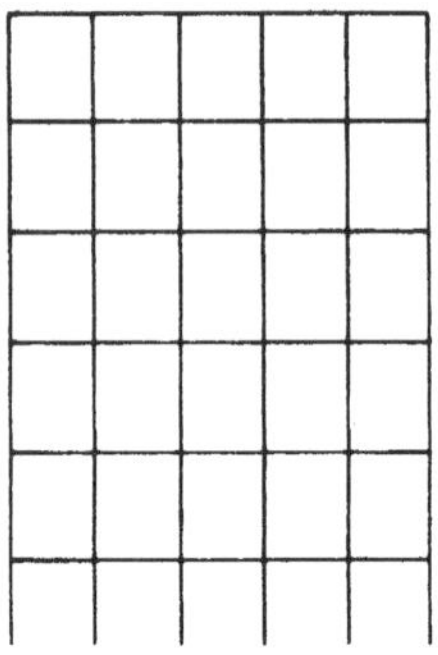
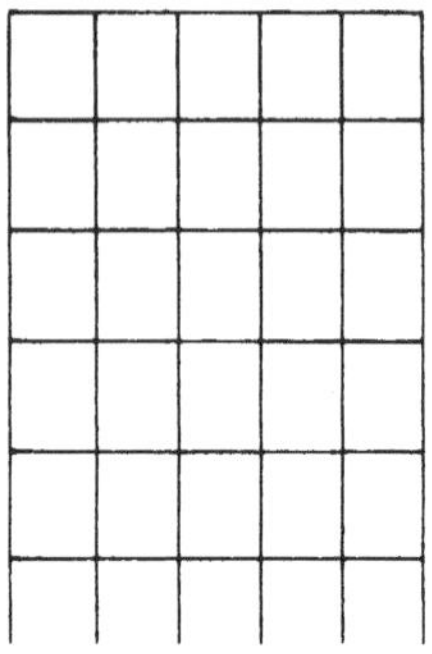
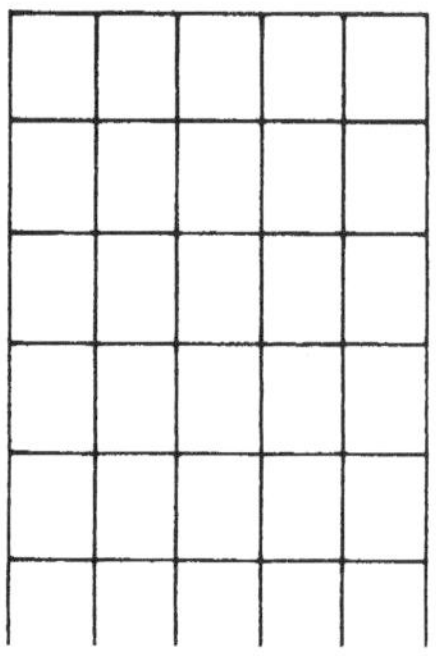
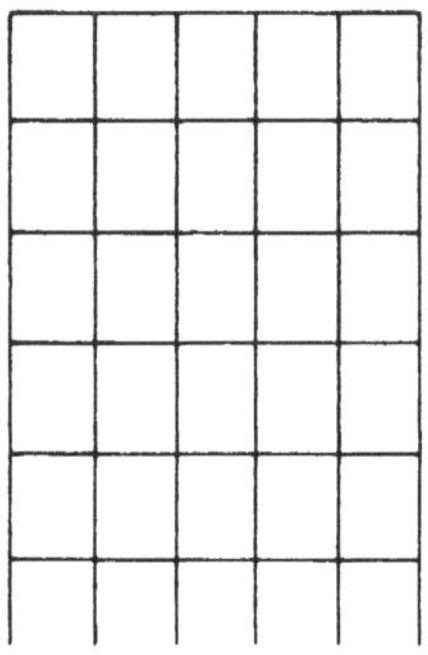
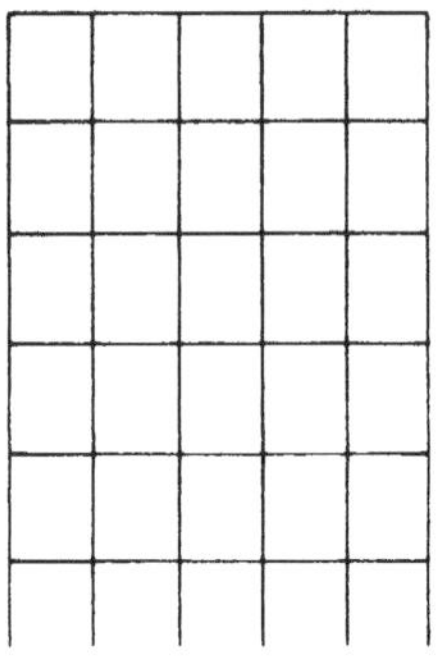
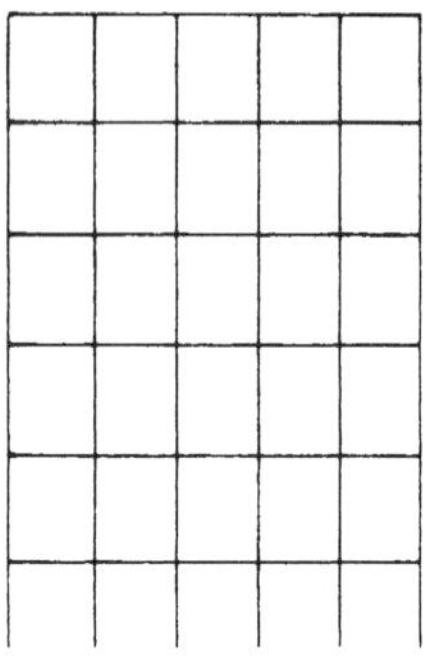
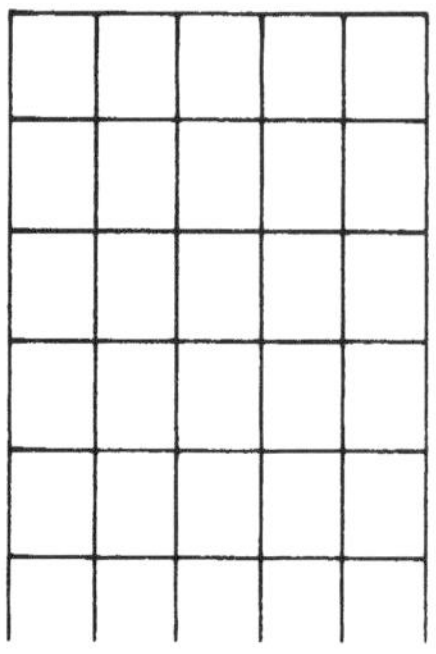
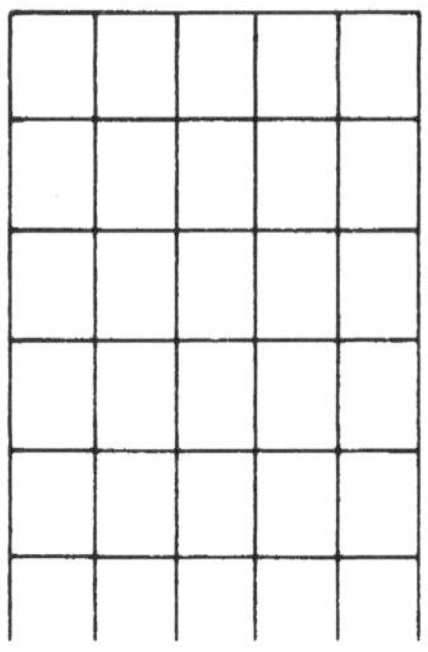
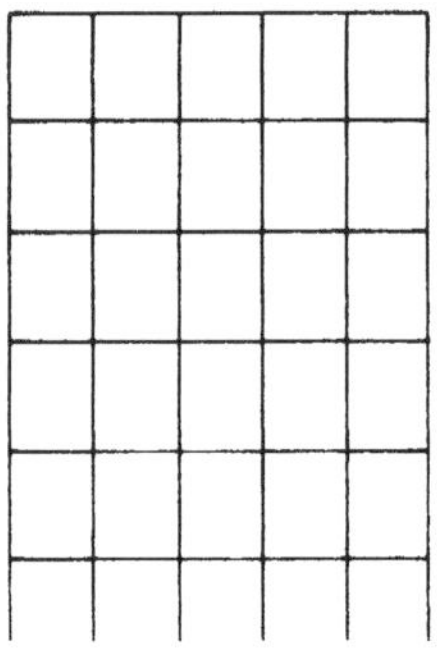
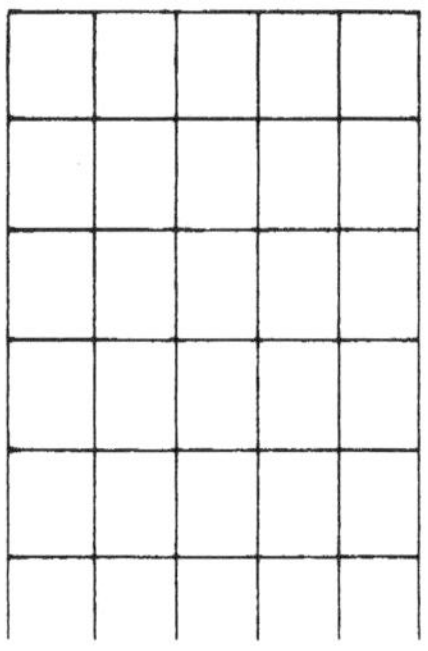

TAB
TAB
TAB
TAB

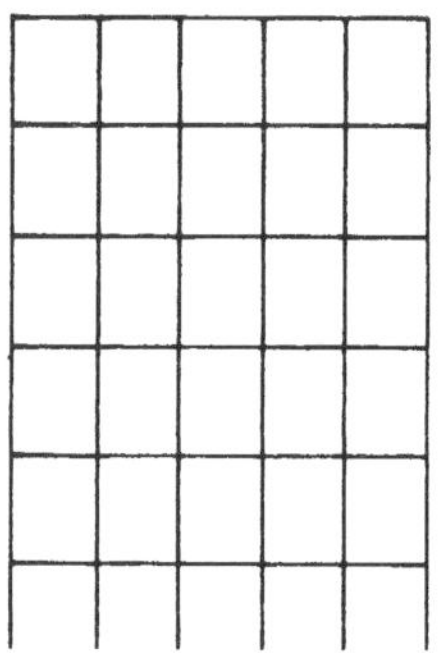
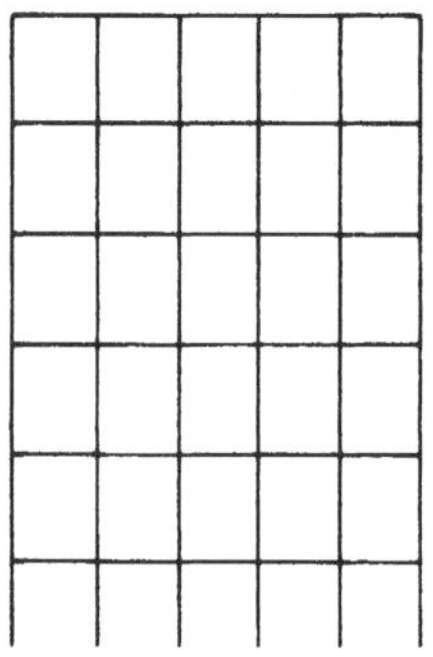
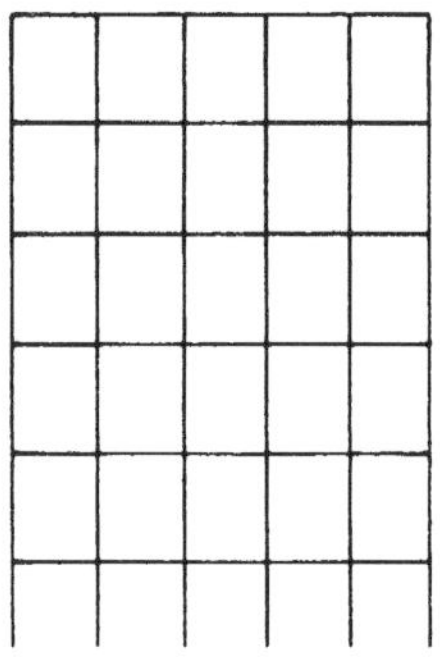
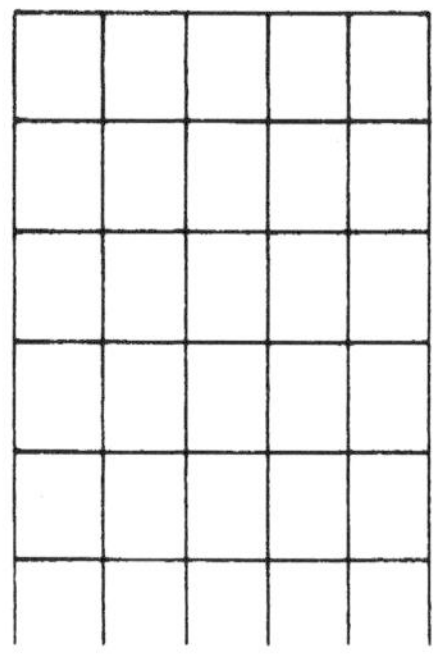
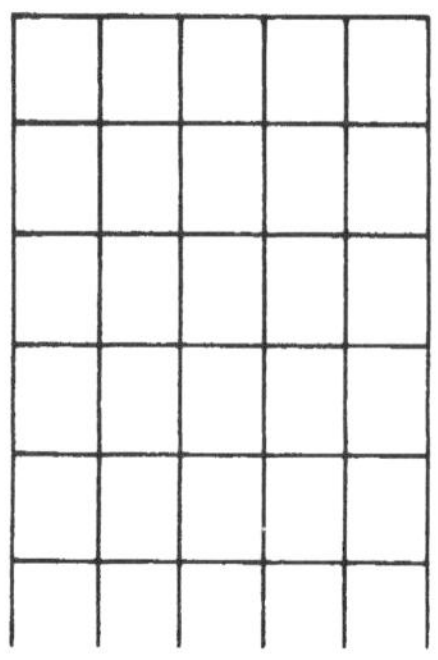
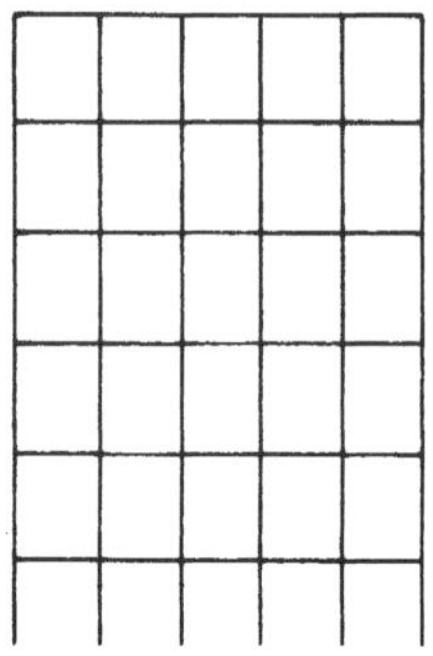
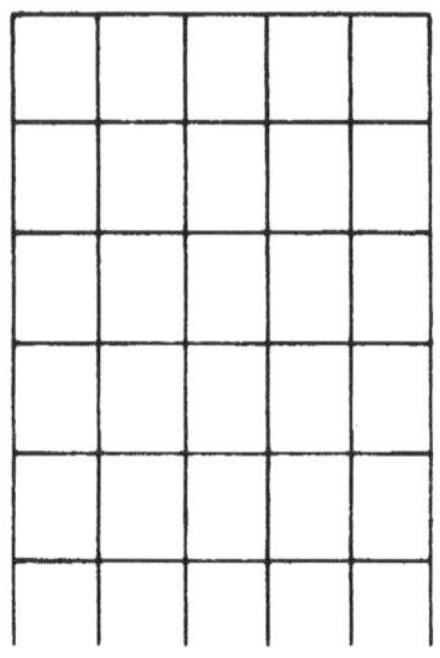
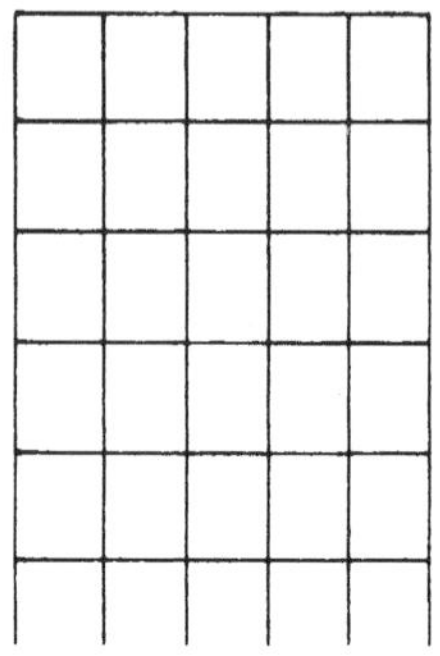
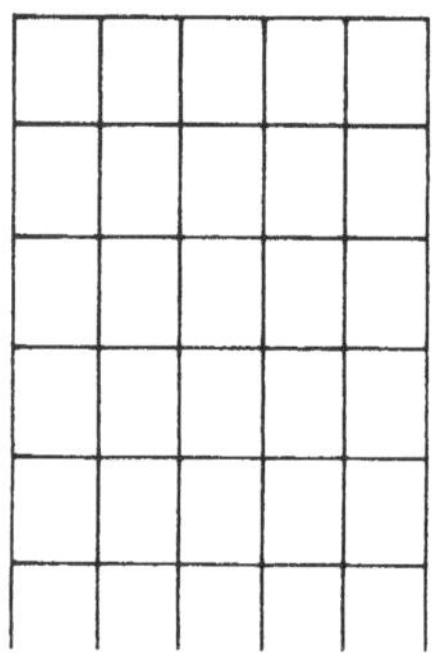
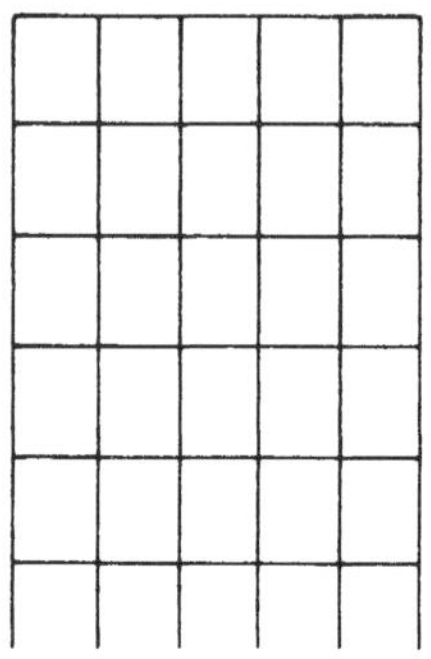
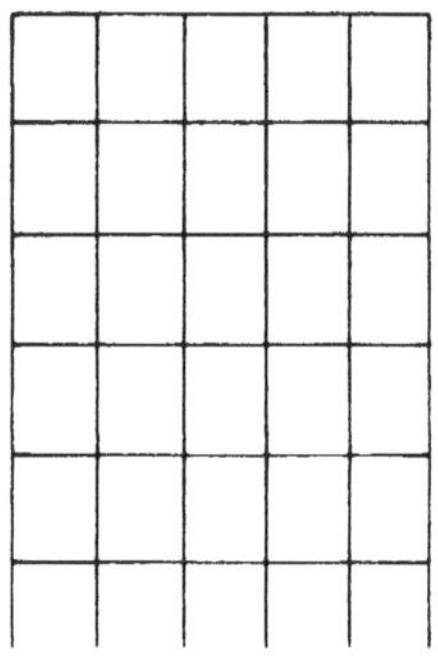
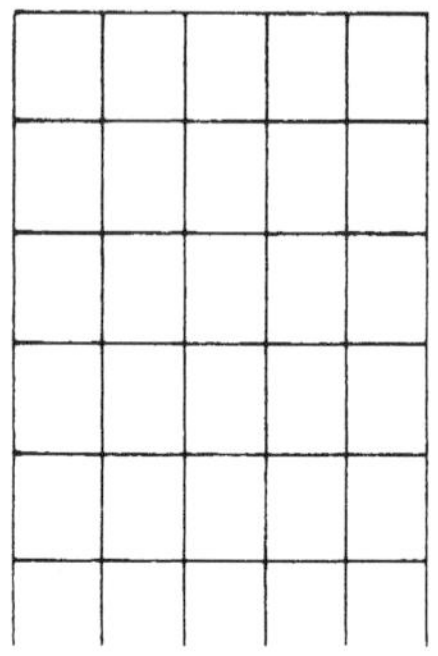
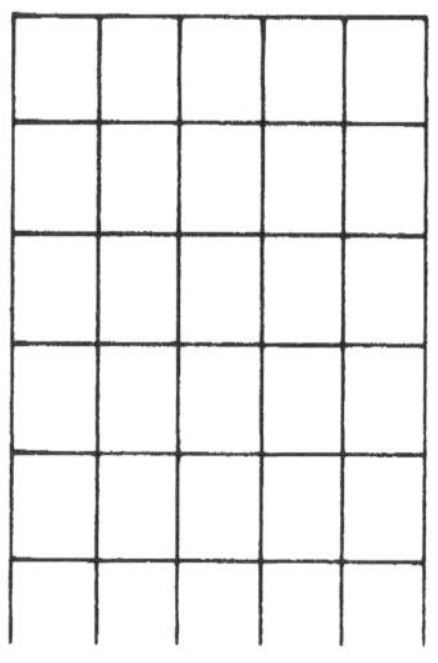
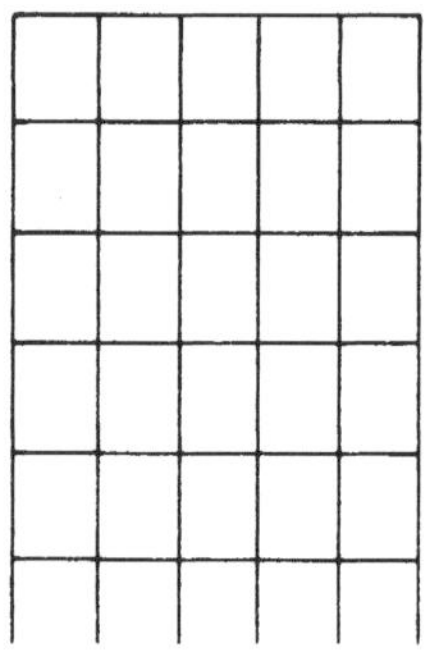
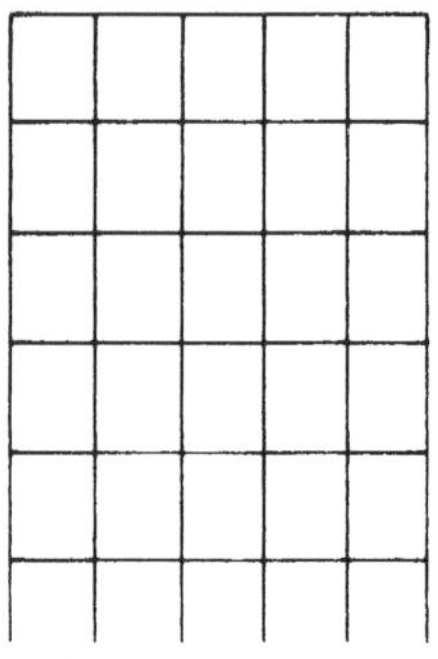
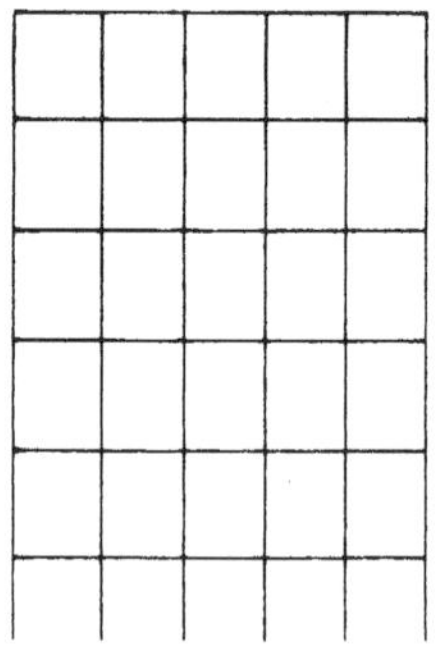

T
A
B
T
A
B
T
A
B
T
A
B

T
A
B

T
A
B

T
A
B

T
A
B

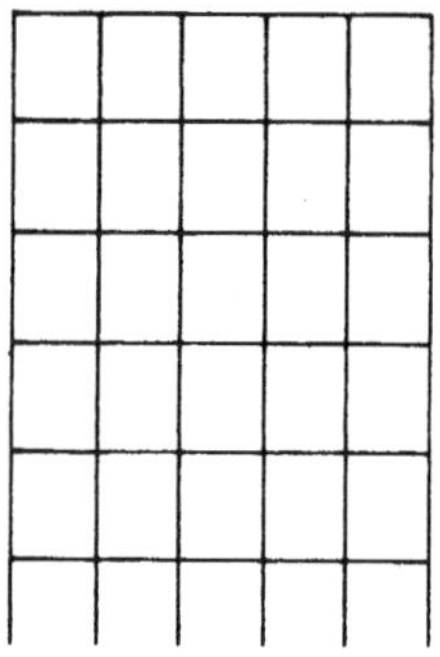
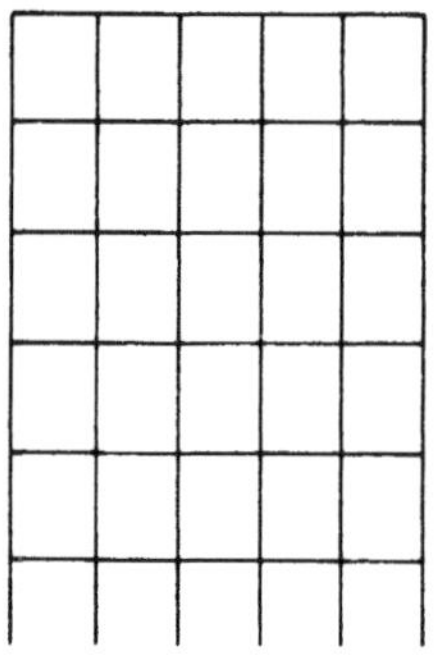
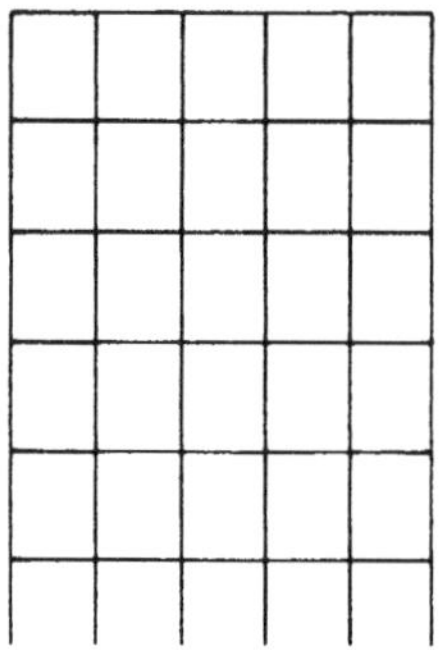
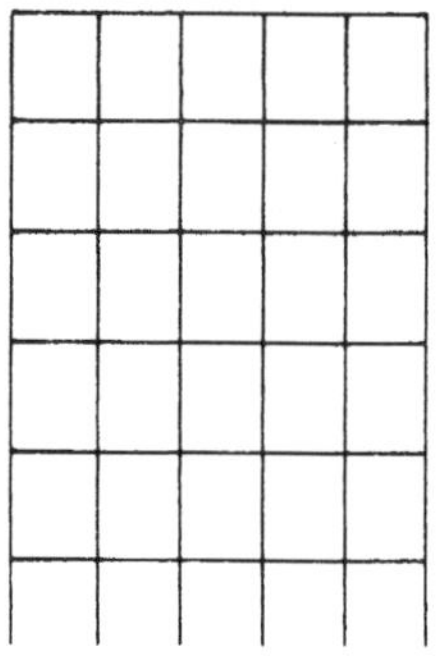
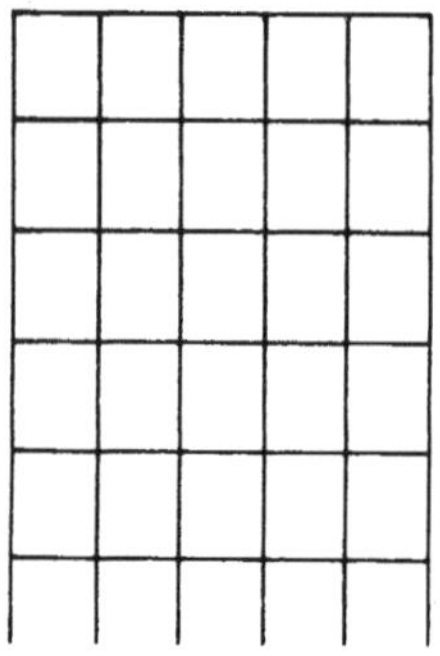
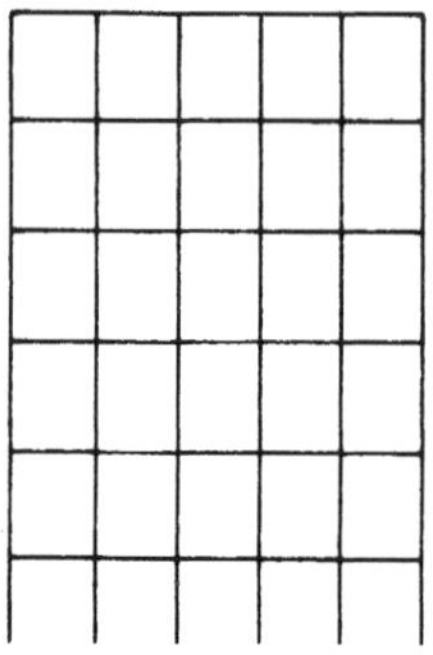
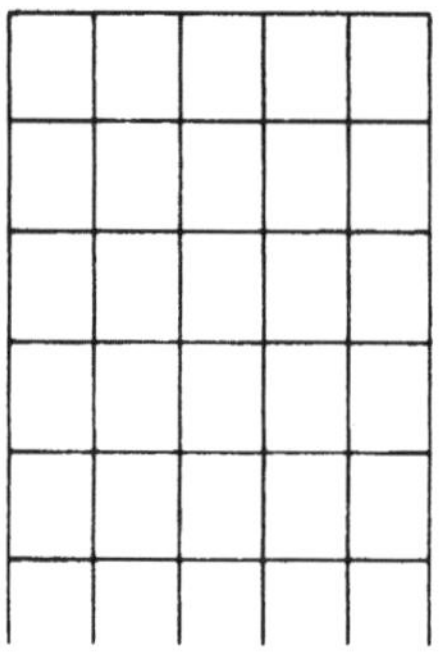
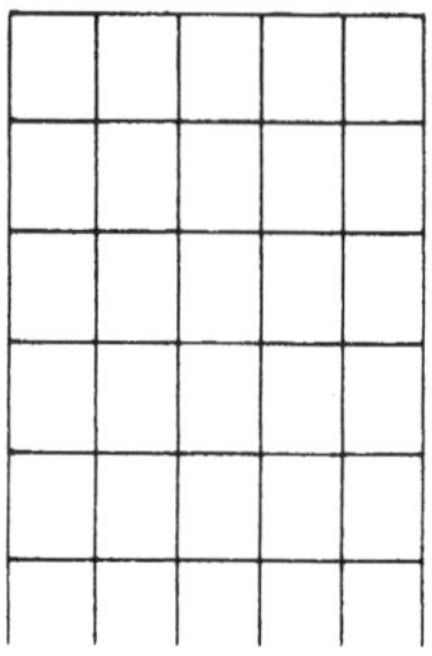
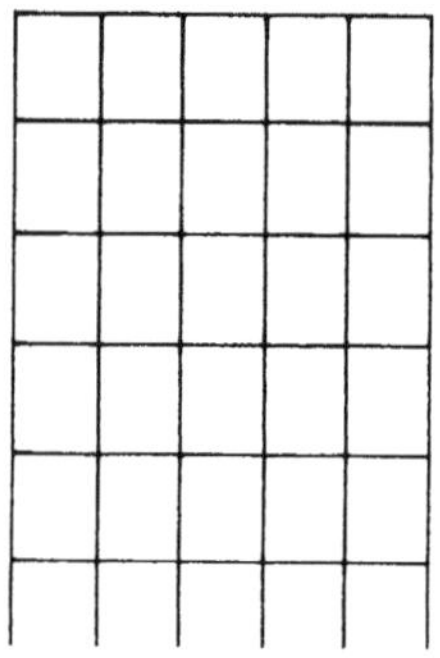
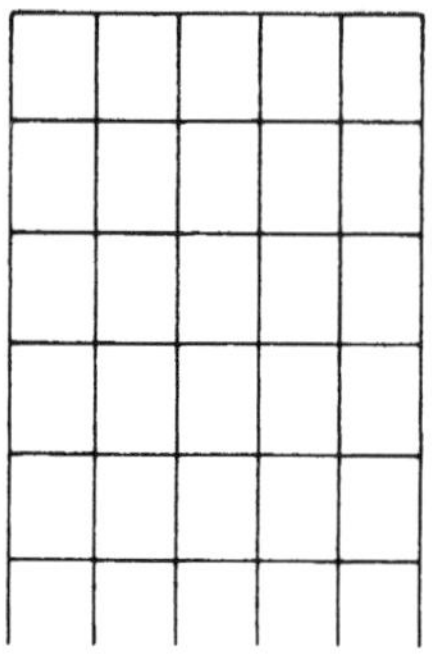
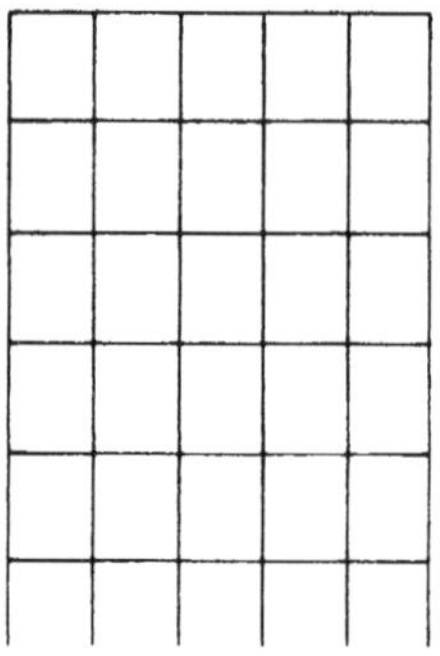
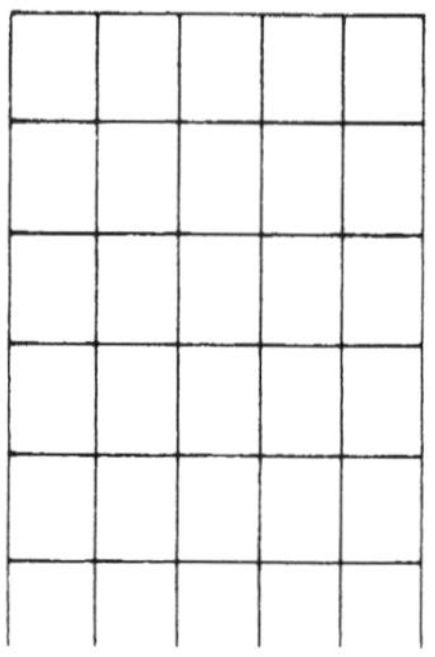
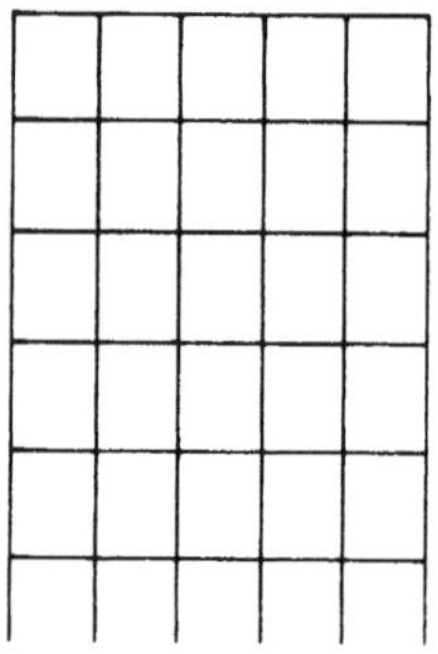
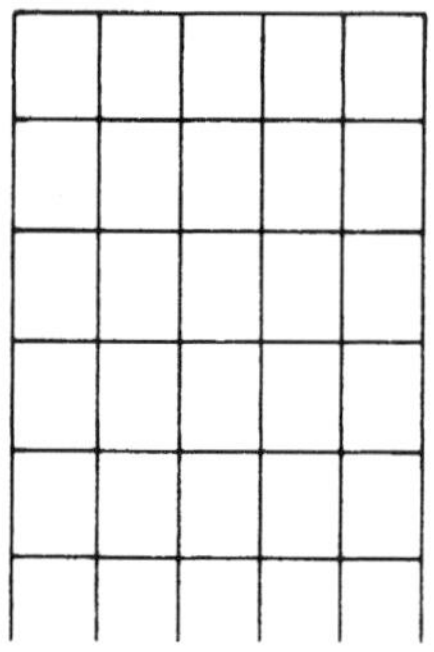
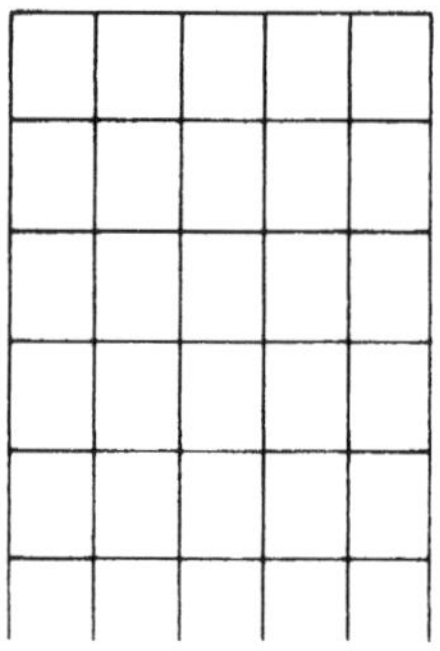
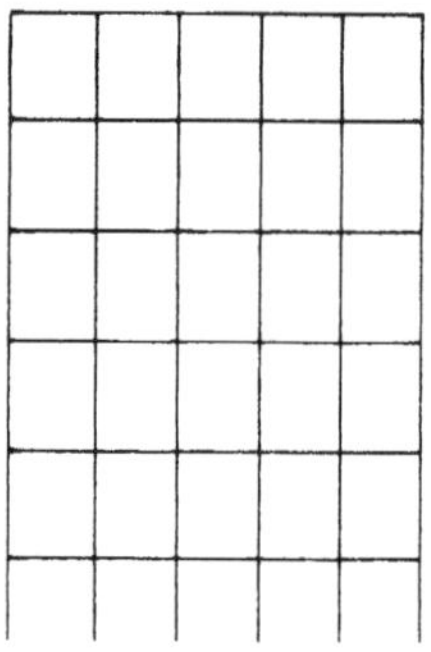

TAB
TAB
TAB
TAB

TAB
TAB
TAB
TAB

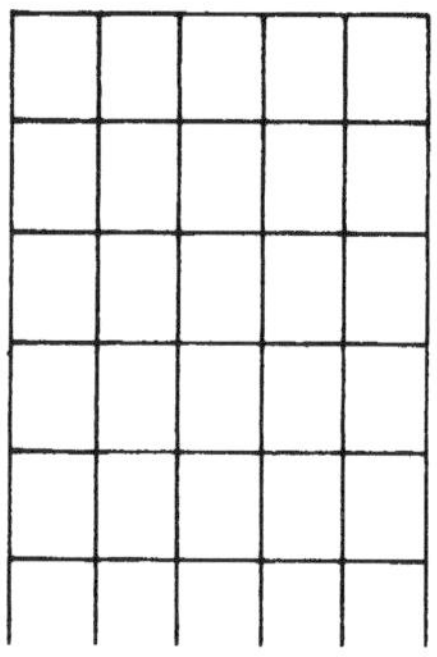 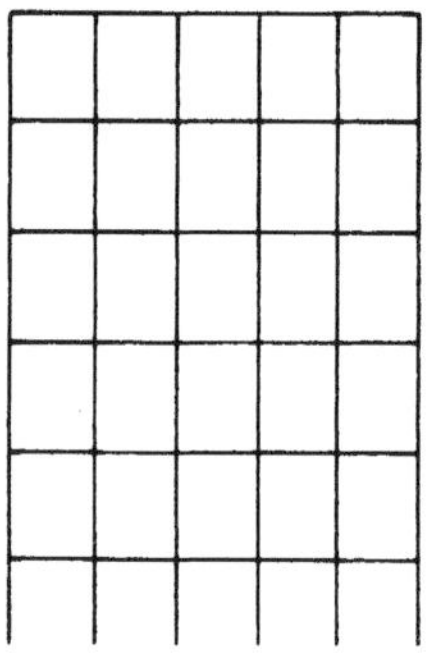 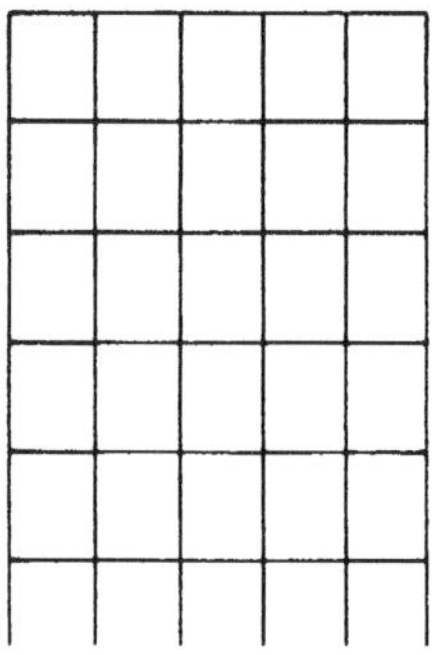 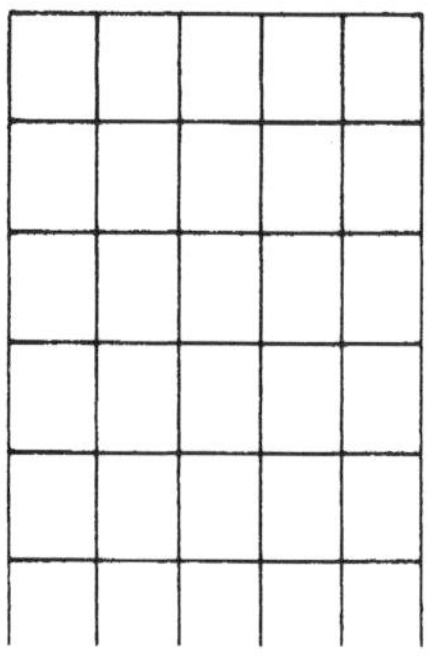

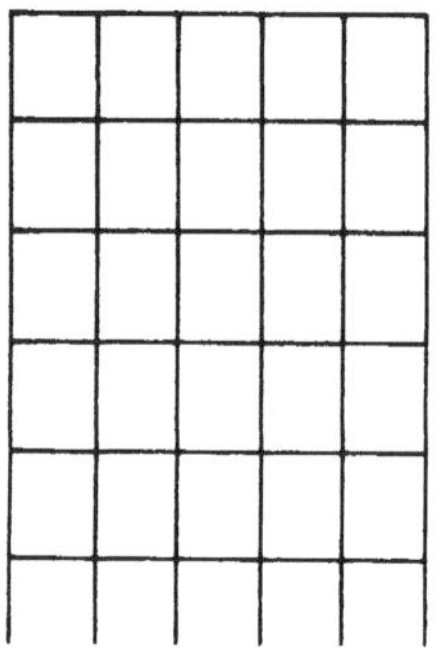 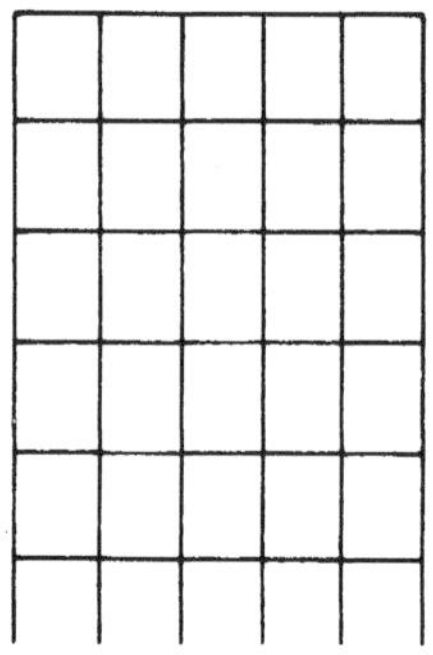 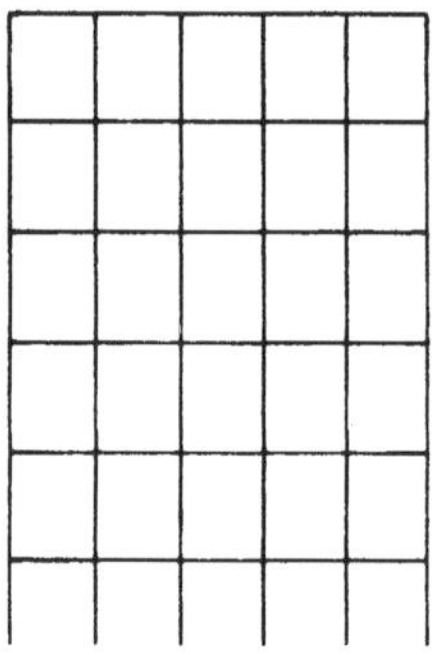 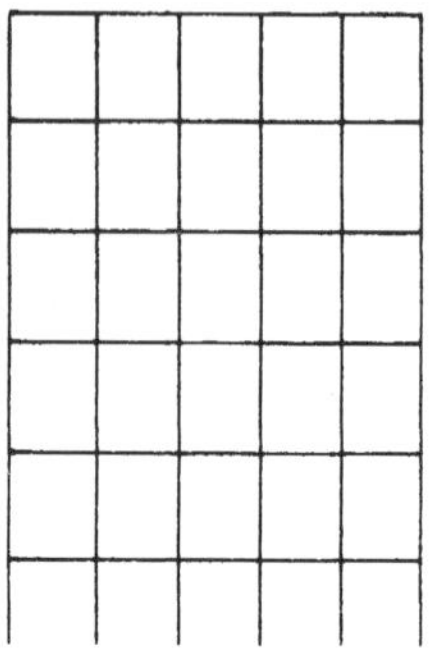

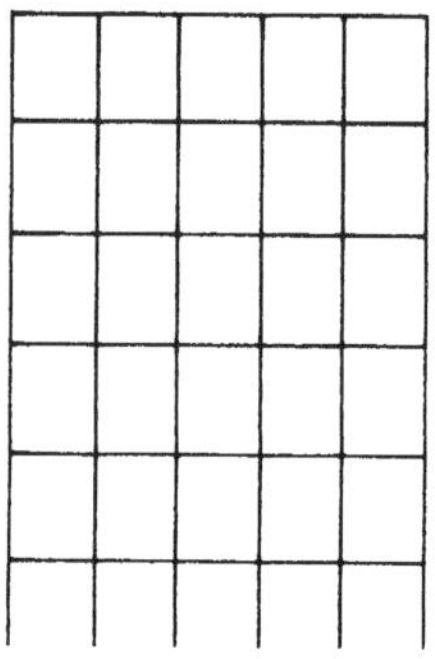 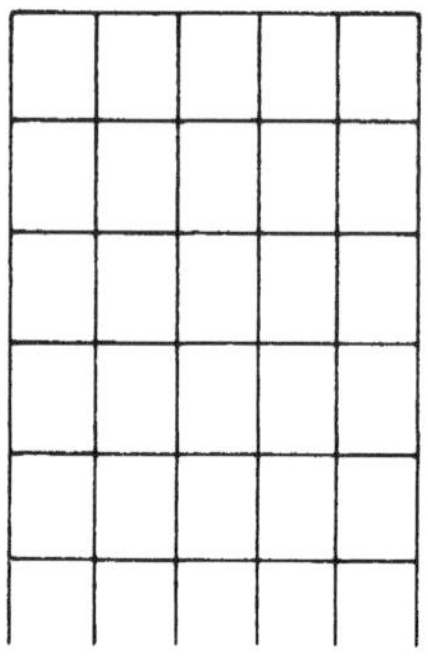 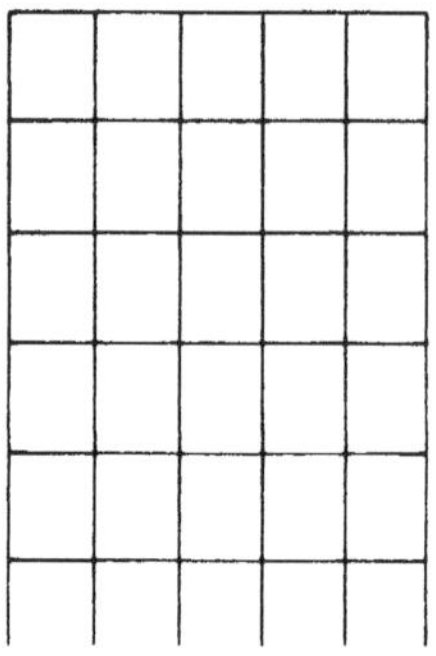 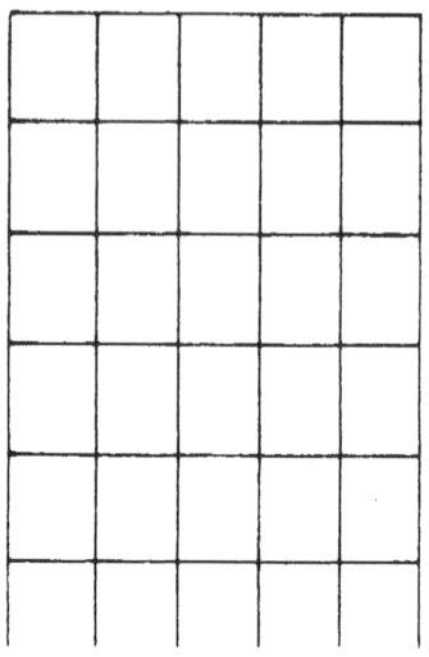

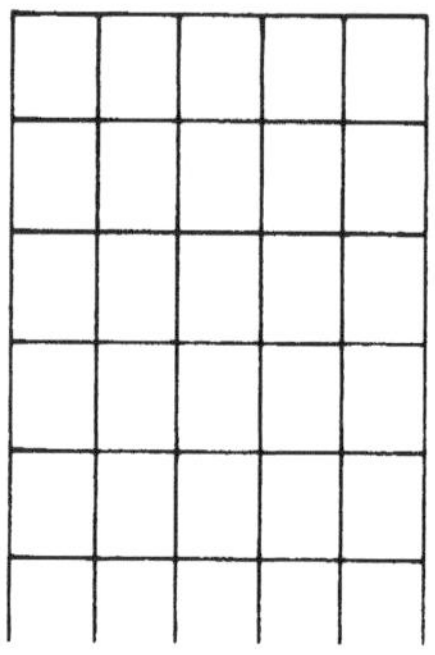 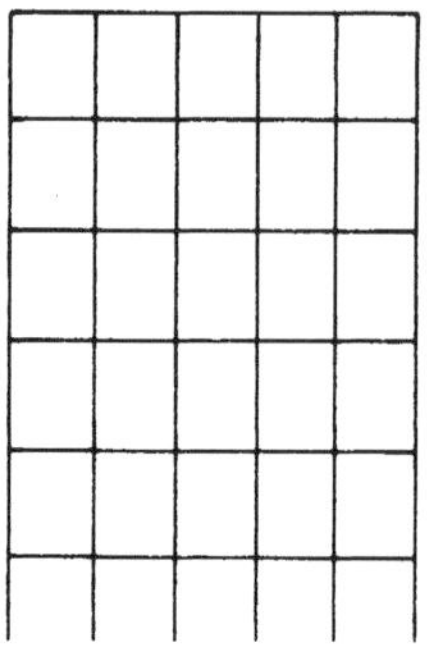 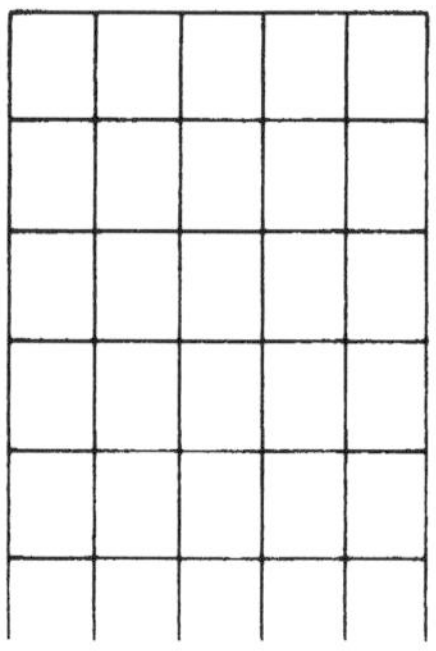 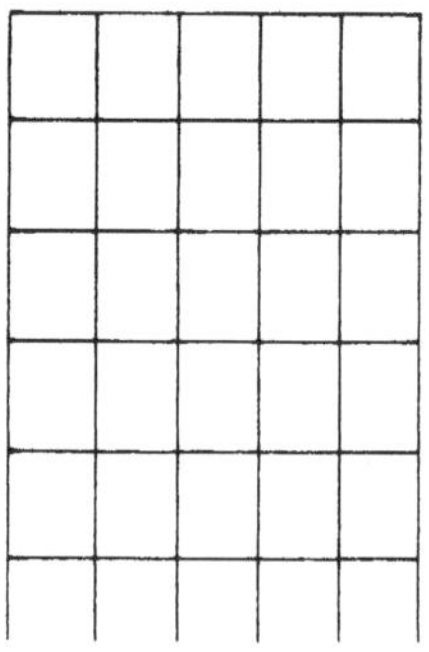

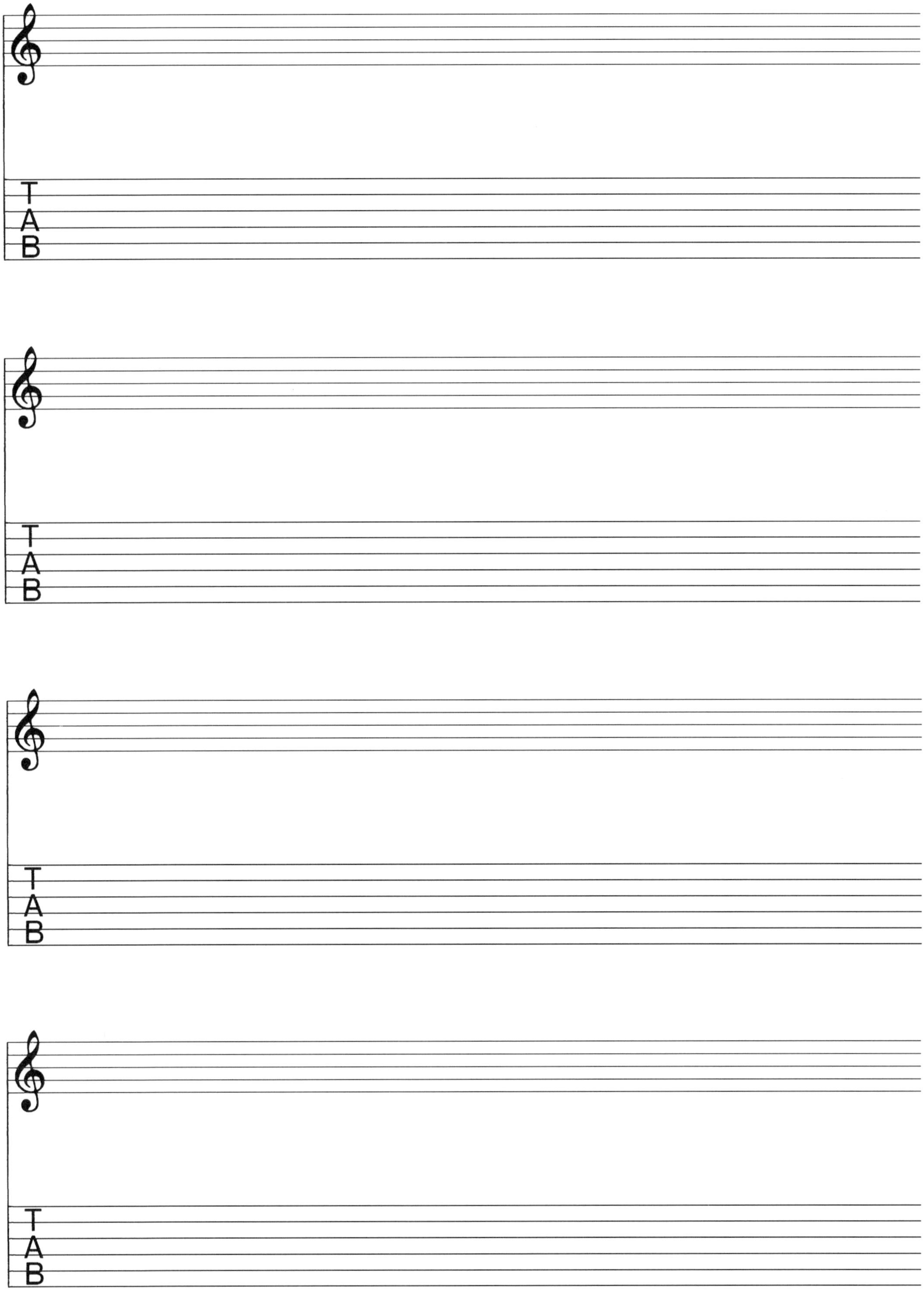

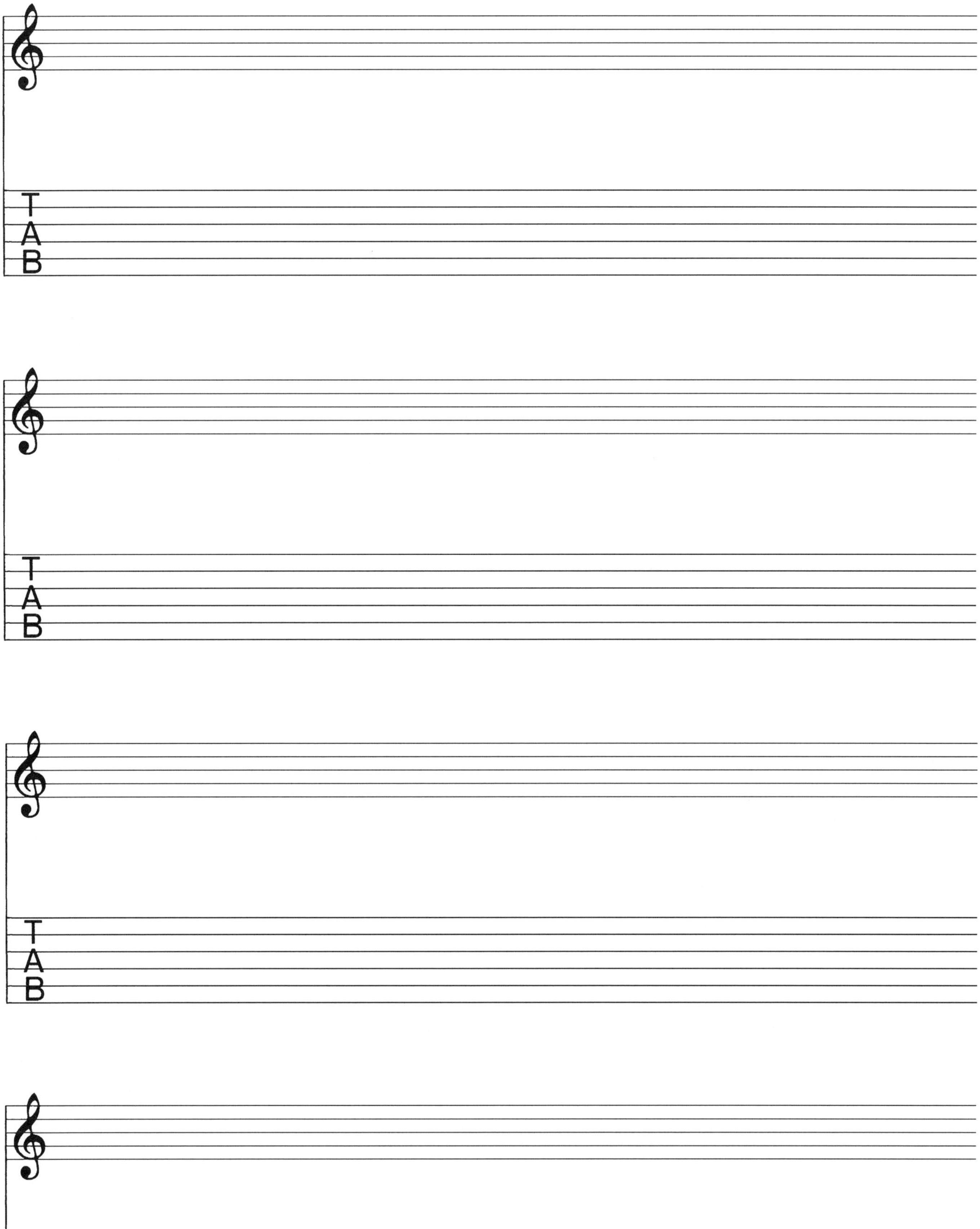
TAB
TAB
TAB
TAB

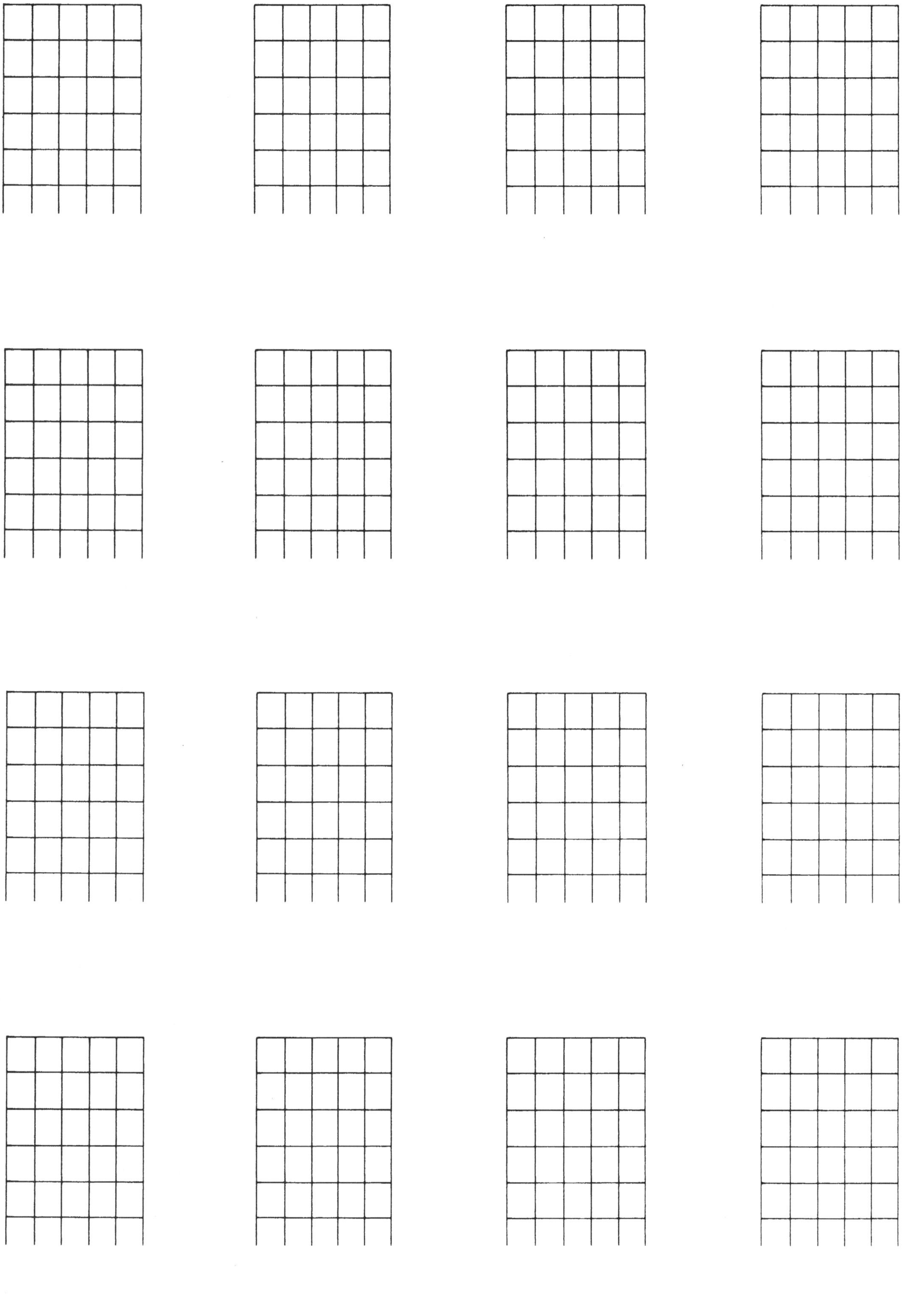

T
A
B

T
A
B

T
A
B

T
A
B

TAB
TAB
TAB
TAB

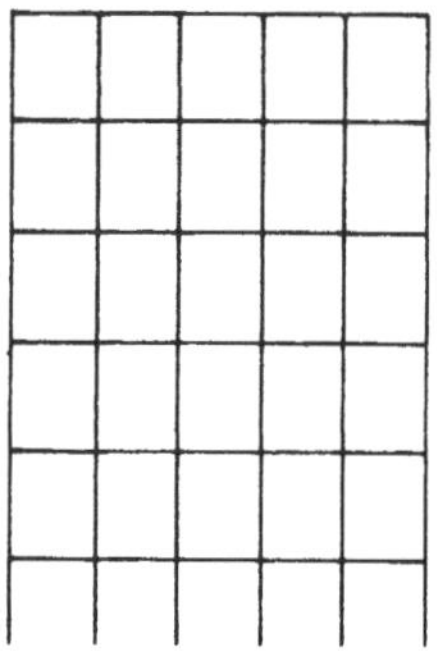
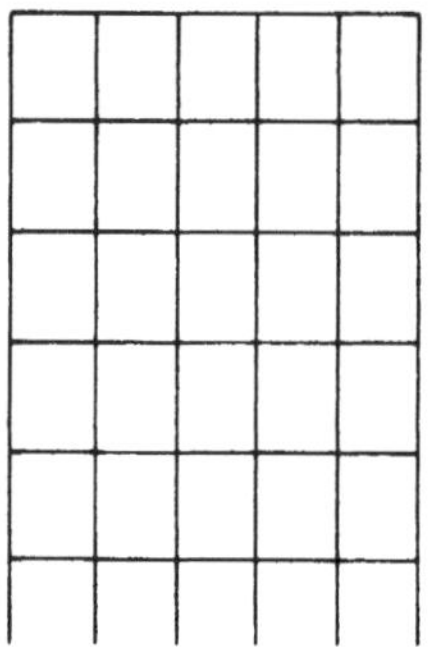
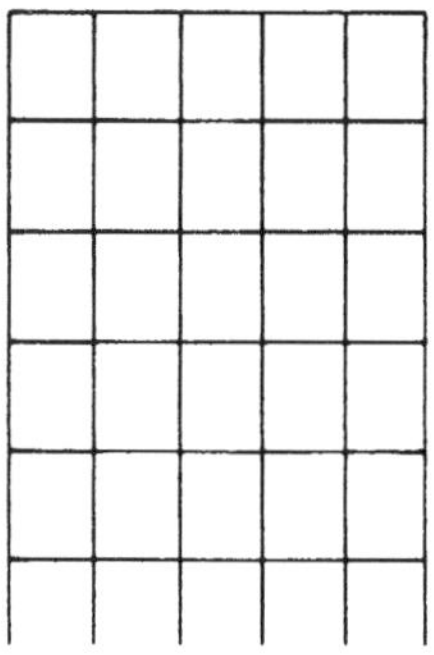
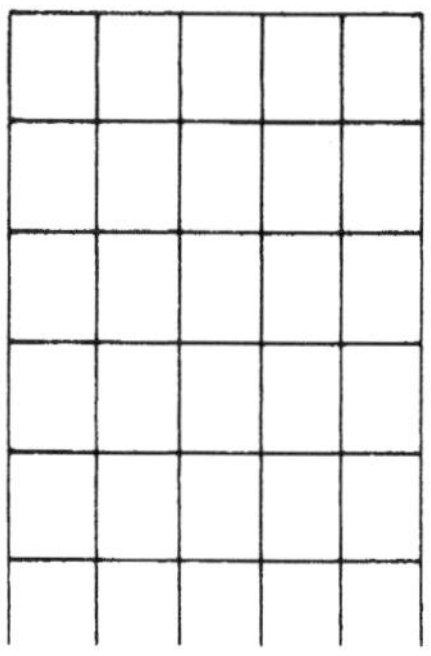
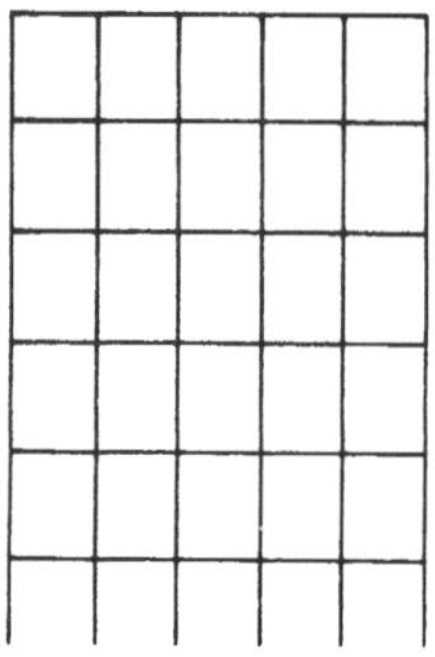
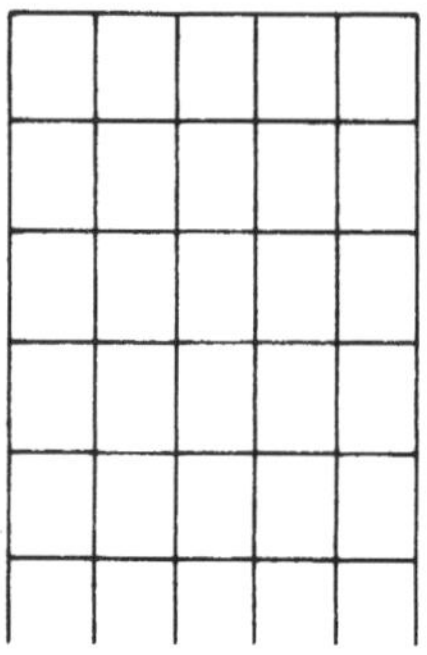
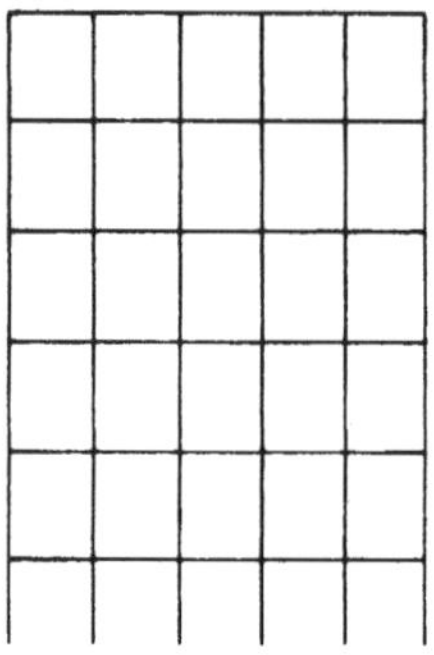
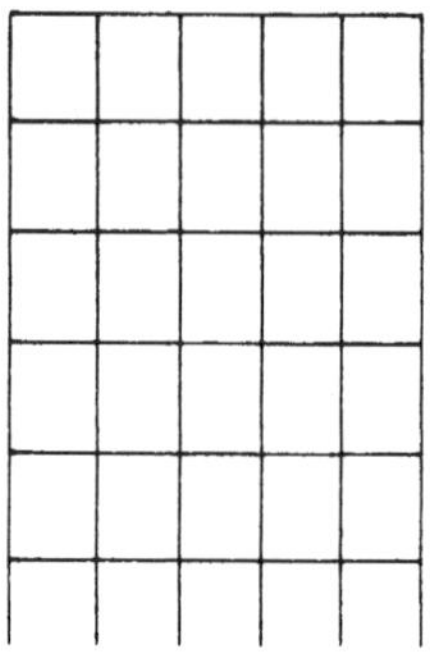
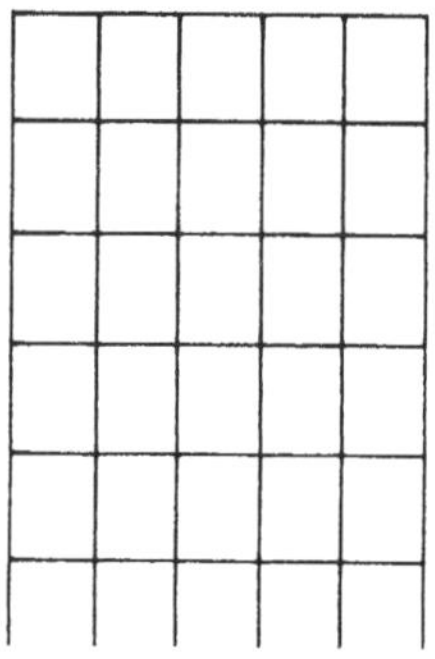
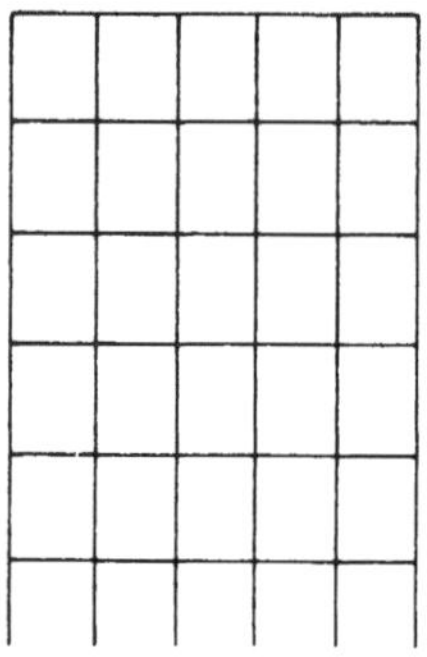
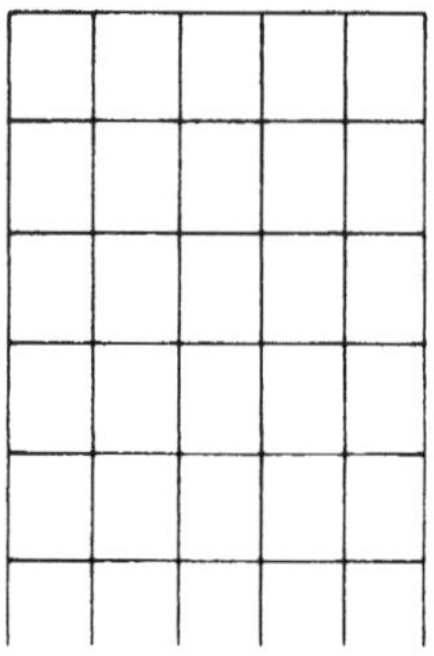
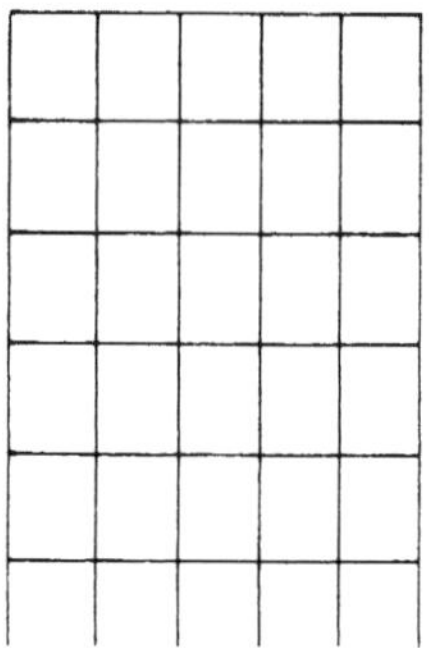
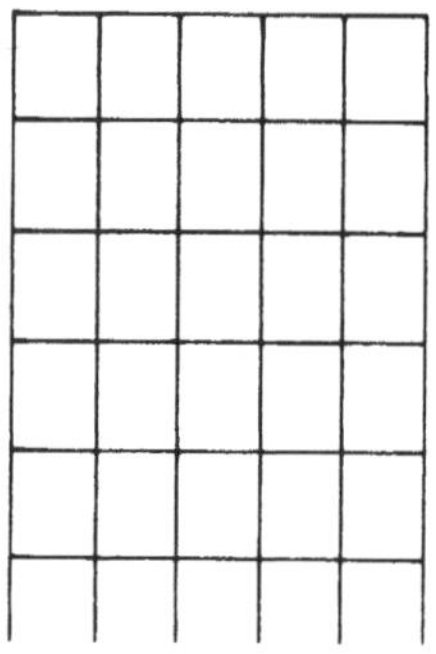
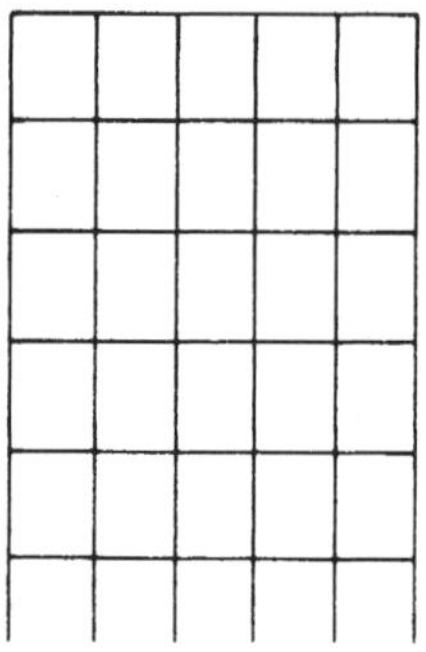
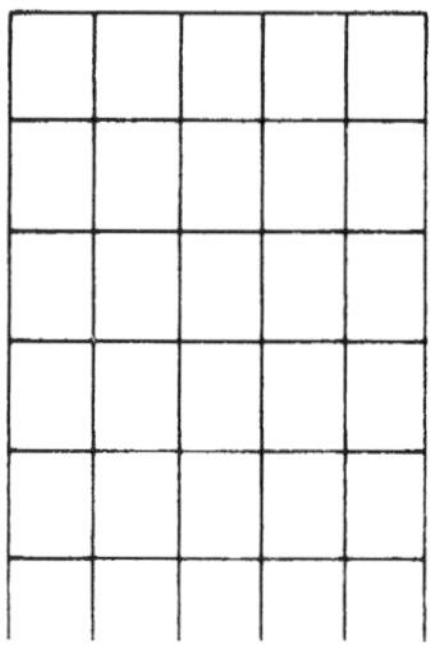
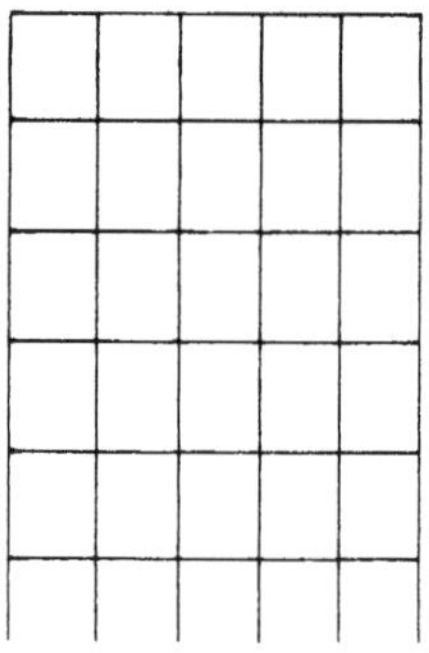

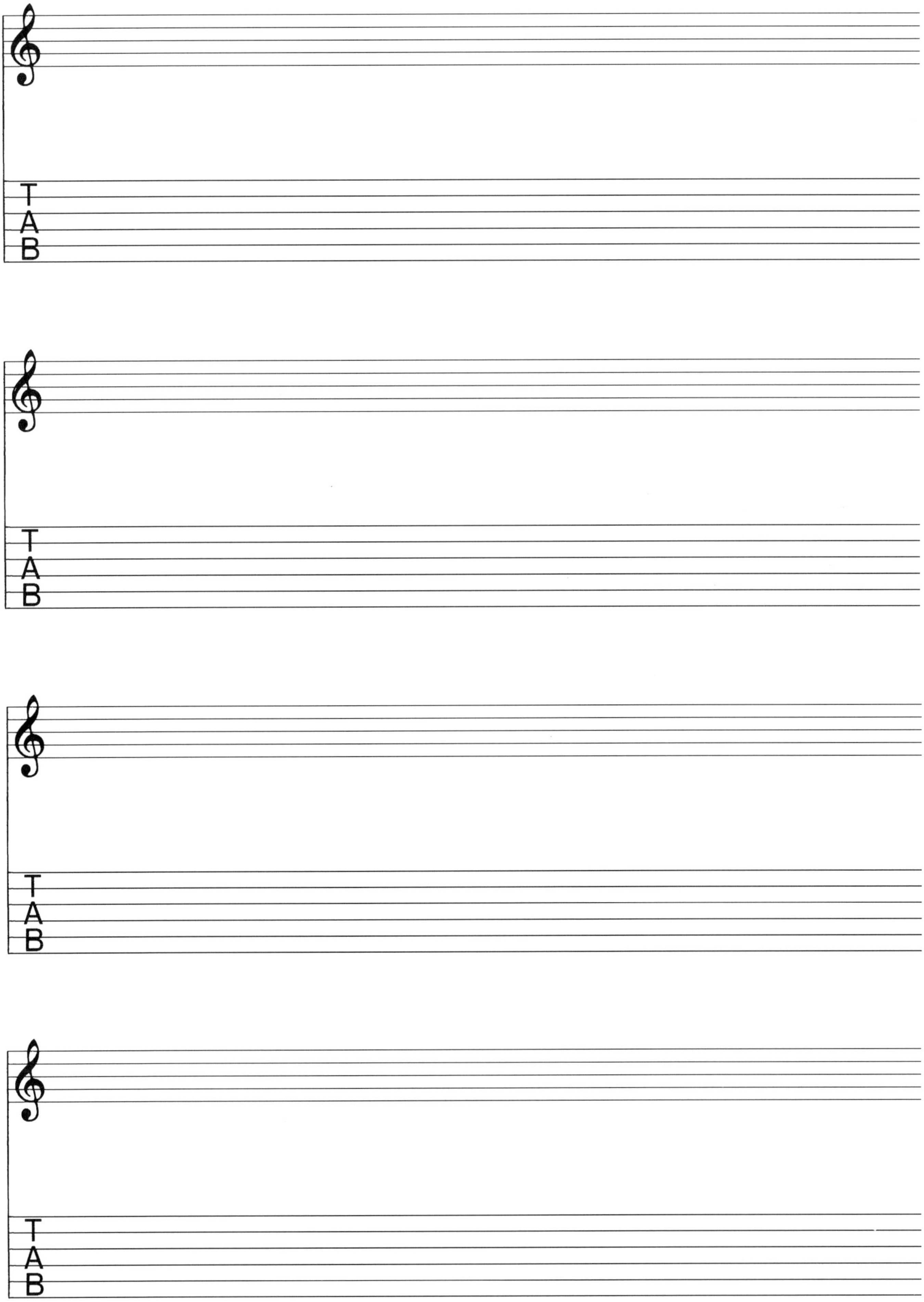
TAB
TAB
TAB
TAB

TAB
TAB
TAB
TAB

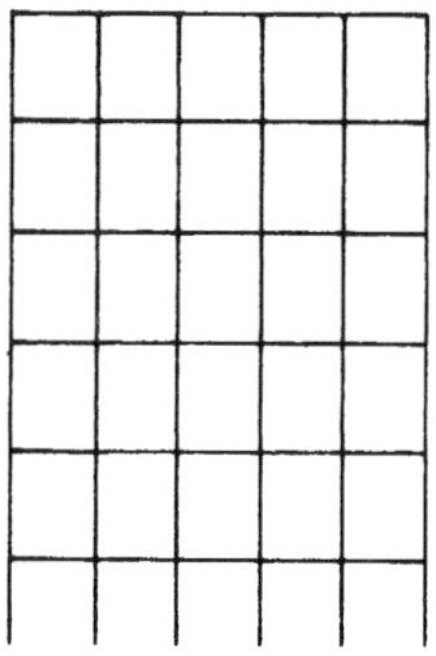
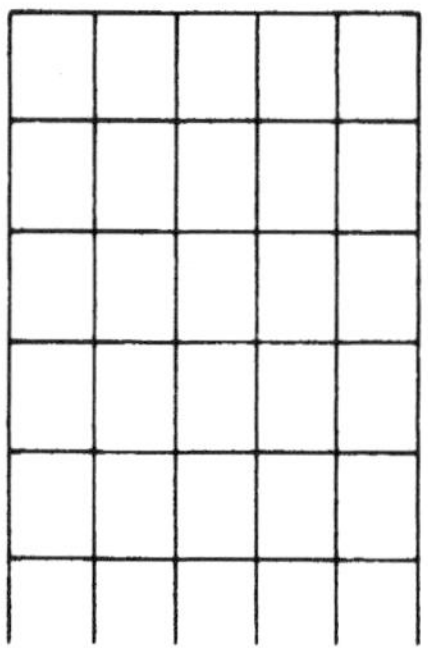
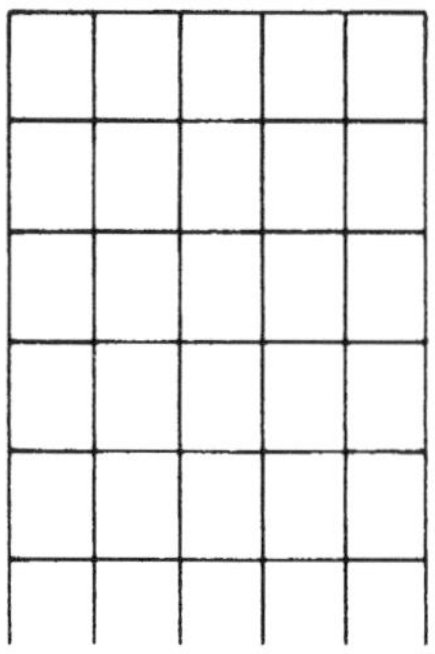
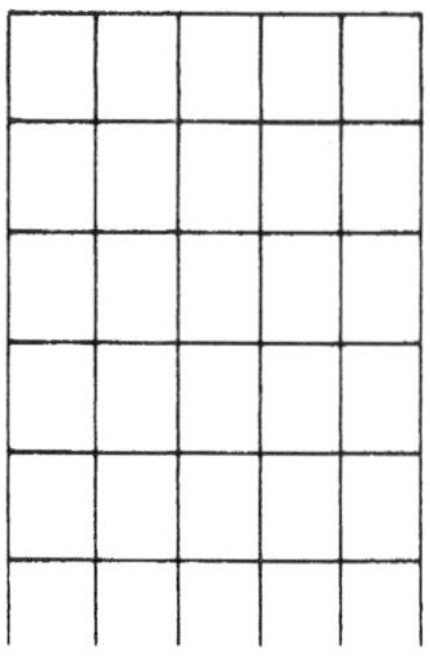
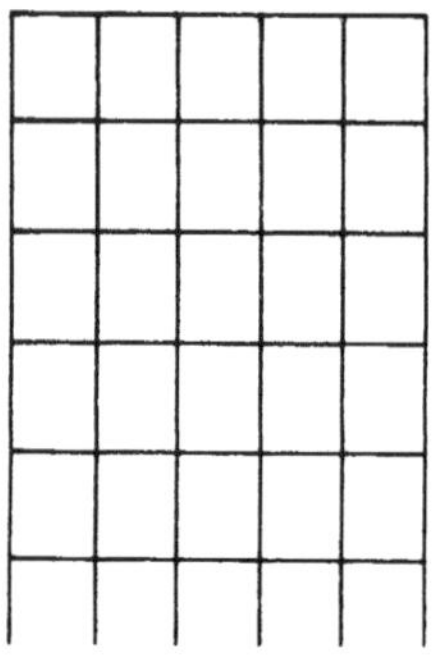
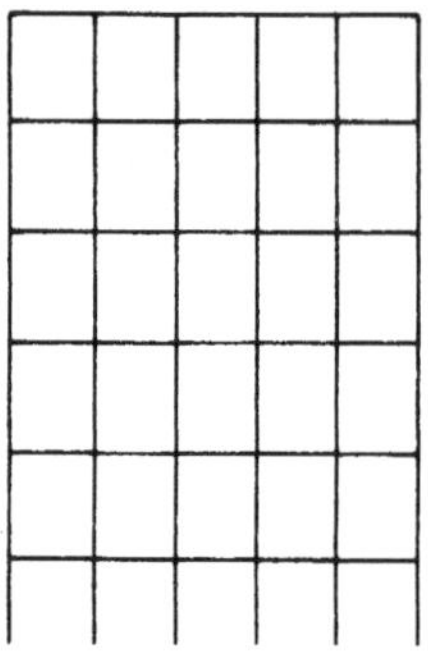
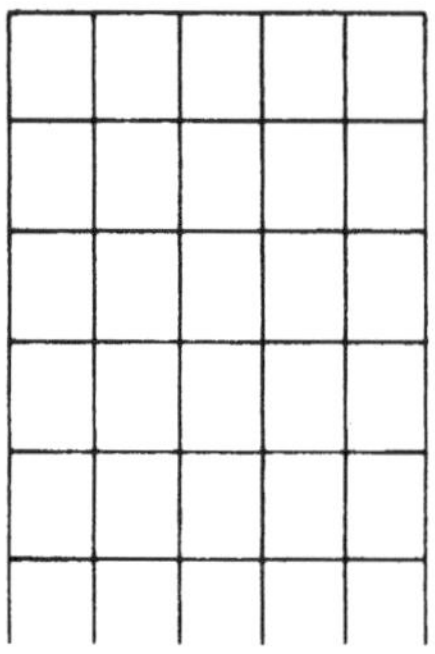
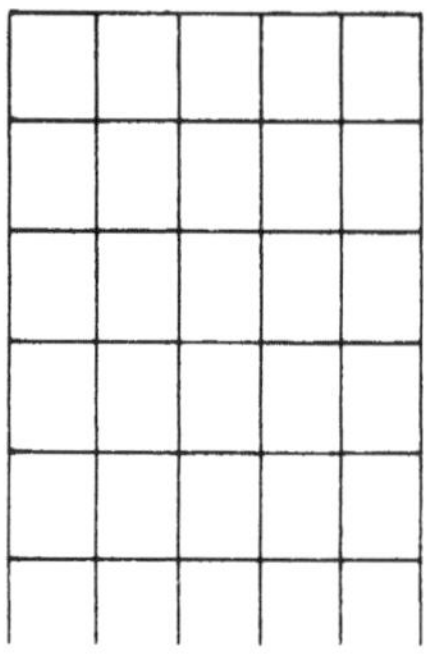
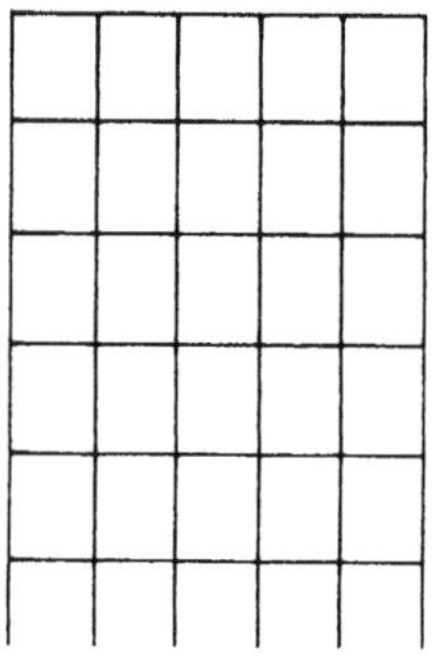
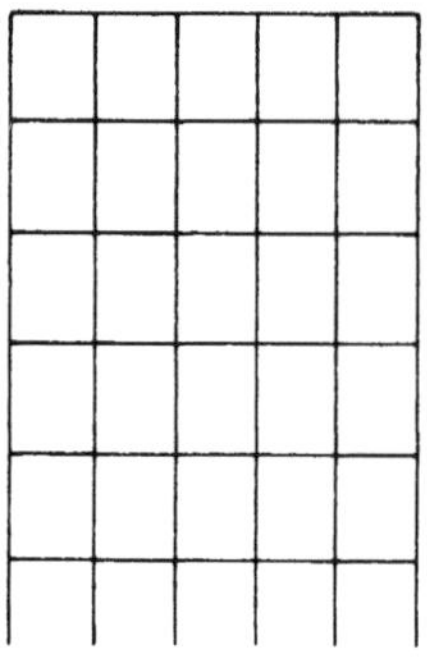
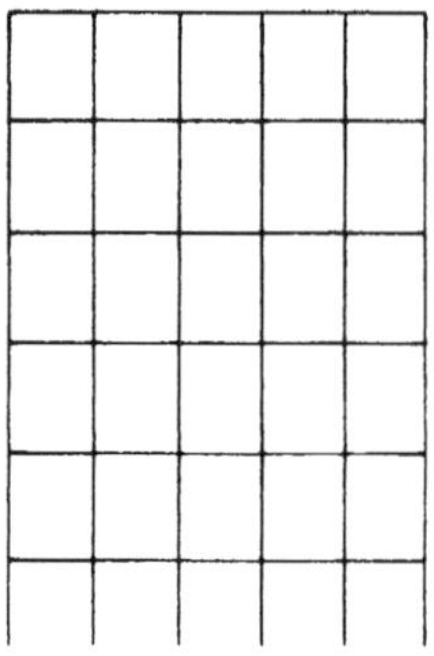
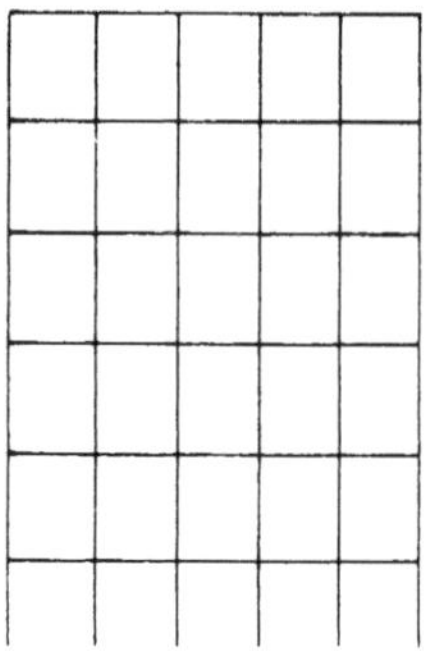
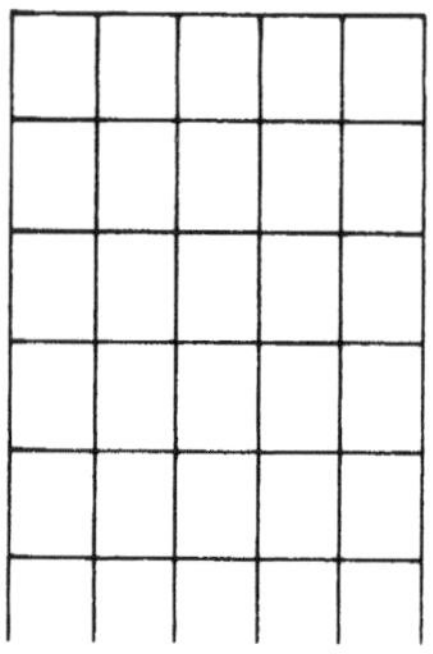
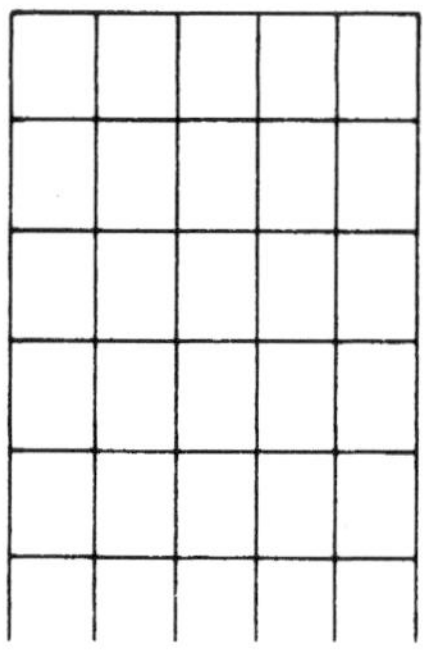
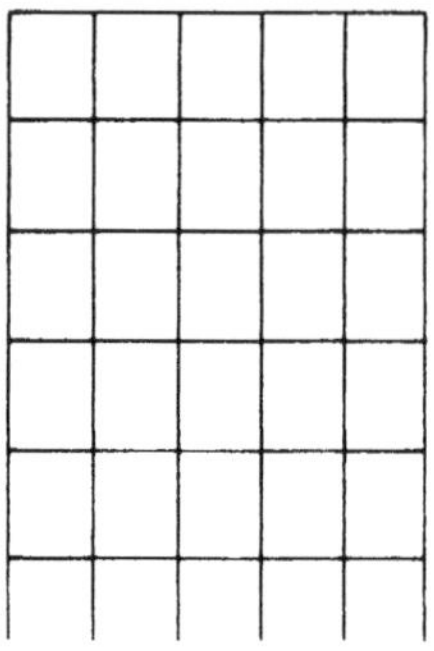
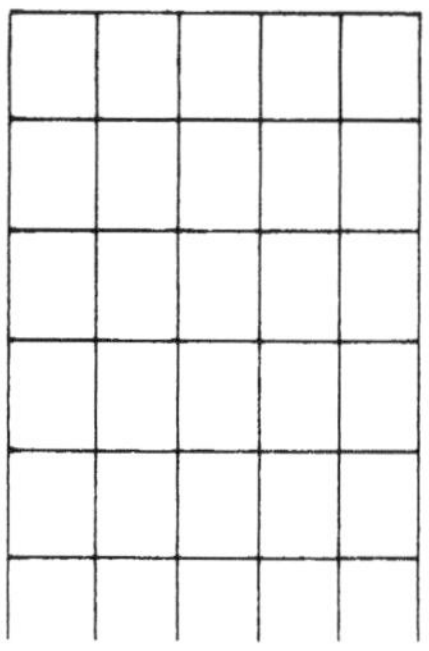

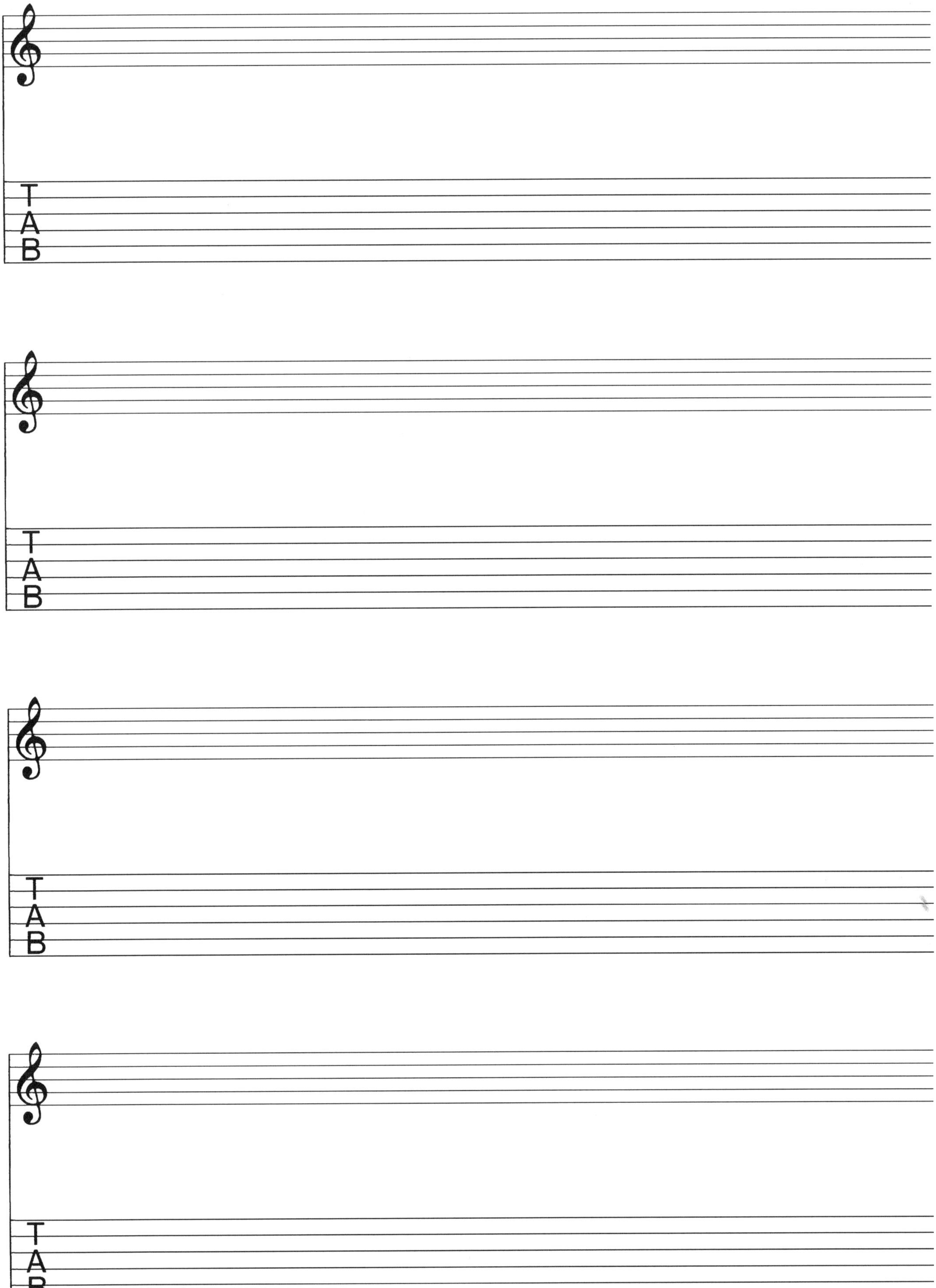
TAB
TAB
TAB
TAB

T
A
B

T
A
B

T
A
B

T
A
B